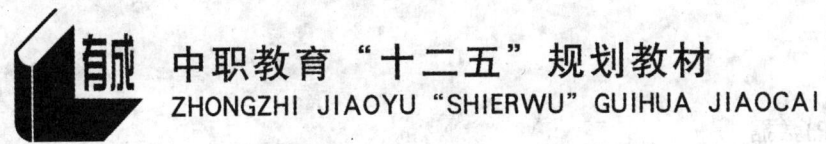

中职教育"十二五"规划教材
ZHONGZHI JIAOYU "SHIERWU" GUIHUA JIAOCAI

# 会计岗位核算技能

主编／杨良松

副主编／卢 荫 李春霞 雷 明

立信会计出版社
LIXIN ACCOUNTING PUBLISHING HOUSE

图书在版编目(CIP)数据

会计岗位核算技能 / 杨良松主编. —上海：立信会
计出版社,2015.7
中职教育"十二五"规划教材
ISBN 978 - 7 - 5429 - 4683 - 6

Ⅰ.①会… Ⅱ.①杨… Ⅲ.①会计学—中等专业学
校—教材 Ⅳ.①F230

中国版本图书馆 CIP 数据核字(2015)第 121843 号

策划编辑　　赵新民
责任编辑　　陈　昕
封面设计　　周崇文

**会计岗位核算技能**

出版发行　立信会计出版社
地　　址　上海市中山西路 2230 号　　　邮政编码　200235
电　　话　(021)64411389　　　　　　传　真　(021)64411325
网　　址　www.lixinaph.com　　　　　电子邮箱　lxaph@sh163.net
网上书店　www.shlx.net　　　　　　　电　话　(021)64411071
经　　销　各地新华书店

印　　刷　浙江省临安市曙光印务有限公司
开　　本　787 毫米×1092 毫米　　　　1/16
印　　张　14.25
字　　数　287 千字
版　　次　2015 年 7 月第 1 版
印　　次　2016 年 2 月第 2 次
印　　数　3101—6200
书　　号　ISBN 978 - 7 - 5429 - 4683 - 6/F
定　　价　29.00 元

如有印订差错,请与本社联系调换

# 中职教育"十二五"规划教材编委会

# 序

PREFACE

　　2014 年 6 月 23 日至 24 日,全国职业教育工作会议在北京召开,国家主席习近平就加快职业教育发展作出重要指示。他强调,职业教育是国民教育体系和人力资源开发的重要组成部分,是广大青年打开通往成功成才大门的重要途径,必须高度重视、加快发展。可见,职业教育在经济和社会发展中将发挥越来越重要的作用,职业教育面临着新的挑战和机遇。

　　东莞市经济贸易学校于 2013 年 4 月启动国家中等职业教育改革发展示范学校建设工作,作为重点建设专业的会计专业,扎实开展教学研究,大胆探索实践,取得了一系列建设成果。成果之一,是按照会计专业人才培养模式的要求,以培养高素质技能型人才为根本目标,在教学模式、课程体系、评价模式等一系列改革的基础上,编写了本套教材。

　　本系列教材以 2013 年 1 月 1 日起实施的《小企业会计准则》为基础,结合现行最新税收政策及相关法律、法规,按照会计从业资格考试大纲要求编写,可供中等职业教育会计、审计等财经类专业学生学习用。

　　本套教材的特色是:第一,教材中的典型教学案例资料来自东莞本地一家企业,该企业的基本资料贯穿整套教材,学习内容与实际工作内容对接,使学生能够全面完整地掌握企业运营管理的全过程,掌握会计核算工作的整体内容。第二,教材的编排以基础内容为起点,理实一体,逐步深入扩展,并在内容上完全符合实际工作操作要求,操作性强,学习过程能充分体现会计工作过程,体现渐进式全程实训过程,方便学生实训。第三,教材按照项目化的教学内容编排,方便教师运用任务驱动、案例讨论、小组合作、问题研究、轮岗实训等多种教学方法组织教学。第四,各章节要点的陈述以够用为度,以实务操作内容为主,突出实践性教学环节。

为编写此系列教材,我们专门成立了由学校、企业以及职教指导专家三方共同组成的教材编委会。《会计岗位核算技能》主编杨良松,副主编卢荫、李春霞和雷明。各单元内容及编写具体分工为:杨良松编写单元一和单元二,卢荫编写单元三和单元四,雷明编写单元五和单元六,李春霞编写单元七、单元八和单元九。本教材的职教指导专家是倪穗华,企业顾问是孙森田(东蝶会计软件管理公司)。

本套教材在编写成书过程中,得到了东莞市经济贸易学校领导及学校各部门的大力支持,会计教研组全体同仁给予了极大的帮助,同时也得到了用友科技有限公司的鼎力相助,在此一并致谢。

由于水平有限,书中难免有错漏之处,恳请读者予以批评指正。联系邮箱:536450792@qq.com。

编　者

# 目 录

## CONTENTS

# 企业基本情况

东莞市京贸塑料制品有限公司是东莞市一家小型企业,由股东李明和东莞市花园纸业有限公司共同投资成立,企业组织结构图如图1所示。

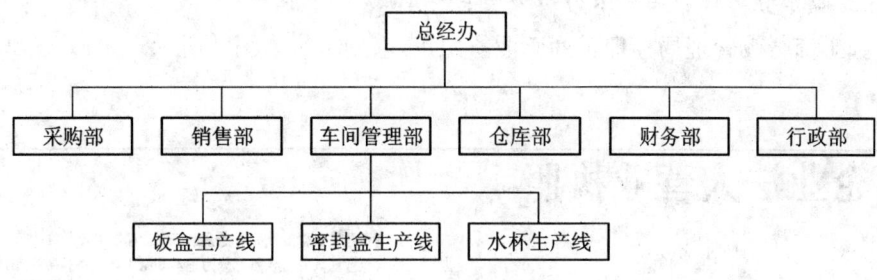

图1　企业组织结构图

东莞市京贸塑料制品有限公司的基本情况如表1所示。

表1　　　　　　　　　东莞市京贸塑料制品有限公司基本情况

| 企业名称 | 东莞市京贸塑料制品有限公司 | | |
|---|---|---|---|
| 固定电话 | 0769-22662220 | 传　真 | 0769-22662220 |
| 企业类型 | 有限责任公司 | 法人代表 | 李明 |
| 注册地址 | 东莞市莞城区学院路287号 | 邮　编 | 523000 |
| 经营范围 | 生产加工塑料盒、塑料杯制品;销售饭盒、密封盒、水杯 | | |
| 纳税人识别号 | 441911792915001 | 税　率 | 一般纳税人,17% |
| 开户银行 | 中国建设银行东莞市分行建业支行 | 账　号 | 1056020040405555678 |
| 出纳员 | 张晴,身份证号码:441911198003258562<br>发证机关:东莞市市麻涌镇公安分局 | | |
| 主营业务 | 生产销售饭盒产品、密封盒产品、水杯产品 | | |
| 生产组织形式和工艺流程 | 单步骤、大批量重复生产饭盒、密封盒、水杯 | | |

1. 东莞市京贸塑料制品有限公司主要用章

东莞市京贸塑料制品有限公司主要用章如图2所示。

图2 公司主要印章

2. 东莞市京贸塑料制品有限公司公司主要证照

(1) 到工商行政管理局办理工商营业执照正本(副本),如图3所示。

# 企业法人营业执照

### (副本)

注册号 441900321407566

| | |
|---|---|
| 名 称 | 东莞市京贸塑料制品有限公司 |
| 住 所 | 东莞市莞城区学院路286号 |
| 法定代表人姓名 | 李明 |
| 注 册 资 本 | 人民币壹佰伍拾万元 |
| 实 收 资 本 | 人民币壹佰伍拾万元 |
| 公 司 类 型 | 有限责任公司 |
| 经 营 范 围 | 塑料盒、塑料杯类制品 |

**须 知**

1. 《企业法人营业执照》是企业法人资格和合法经营的凭证.
2. 《企业法人营业执照》分为正本和副本,正本和副本具有同等
3. 《企业法人营业执照》正本应当置于住所的醒目位置。
4. 《企业法人营业执照》不得伪造、涂改、出租、出借、转让。
5. 登记事项发生变化,应当向公司登记机关申请变更登记、换领人营业执照》
6. 每年三月一日至六月三十日,应当参加年度检验。
7. 《企业法人营业执照》被吊销后,不得开展与清算物管的经营
8. 办理注销登记,应当交回《企业法人营业执照》正本和副本。
9. 《企业法人营业执照》遗失或者损坏的,应当在公司登记机关刊上申明作废、申请补领。

**年 度 检 测 情 况**

| | | | |
|---|---|---|---|
| | | | |

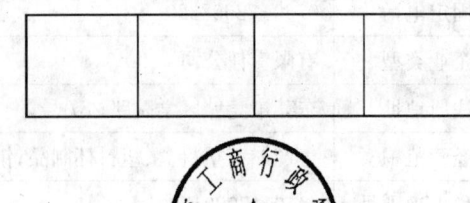

| | |
|---|---|
| 成 立 日 期 | 二○一○年十一月 |
| 营 业 日 期 | 二○一○年十一月一日至二○二○年十一月一日 |

图3 企业法人营业执照

(2) 到本地区质量技术监督部门办理组织机构代码证正本(副本),如图4所示。

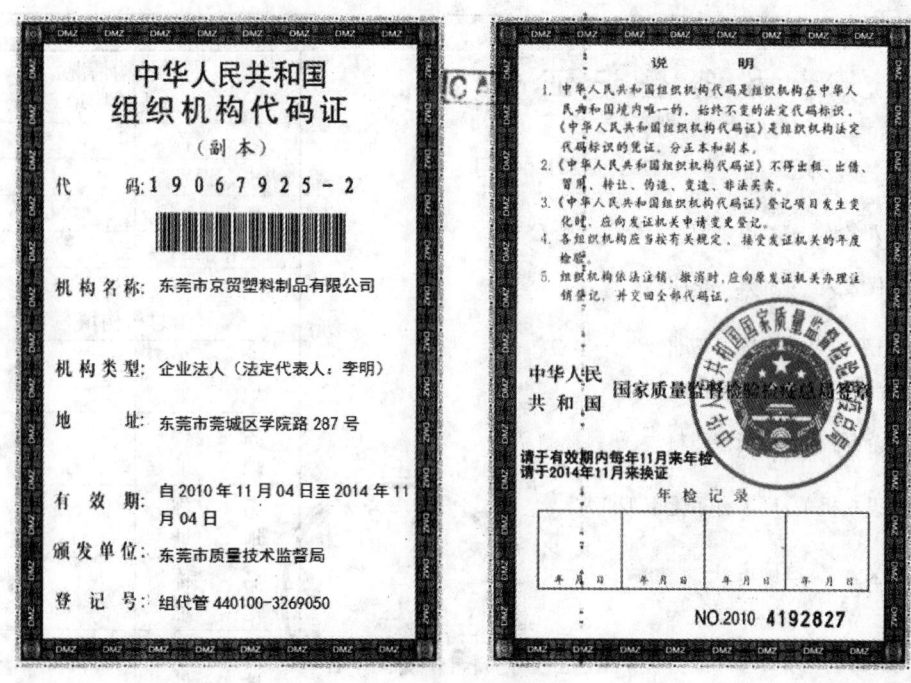

图 4　组织机构代码证

（3）到本地区国家税务局和地方税务局取得税务登记证正本（副本），如图 5、图 6 所示。

图 5　东莞市国家税务登记证

## 税 务 登 记 证

### （副本）

粤 地 税 字 441911792915003 号

纳税人名称：东莞市京贸塑料制品有限公司

法定代表人（负责人）：李明

地址：东莞市莞城区学院路 286 号

登记注册类型：有限责任公司

经营范围：制造并销售塑料盒、塑料杯制品等

批准设立机关：广东省东莞市工商局

扣缴义务：依法确定

发证税务机关
二〇一〇年十一月二十日
国家税务总局监制

| 总机构情况（由分支机构填写） | |
| --- | --- |
| 名　　称 | |
| 纳税人识别号 | |
| 地　　址 | |
| 经营范围 | |
| 分支机构设置（由总机构填写） | |
| 名　　称 | |
| 地　　址 | |
| 名　　称 | |
| 地　　址 | |
| 名　　称 | |
| 地　　址 | |
| 名　　称 | |
| 地　　址 | |
| 名　　称 | |
| 地　　址 | |

图 6　东莞市地方税务登记证

（4）到开户银行办理银行存款的账户开户许可证（含基本账户和临时账户），如图 7 所示，并在开户银行预留银行印鉴，如图 8 所示。银行印鉴包括财务专用章和法人章。

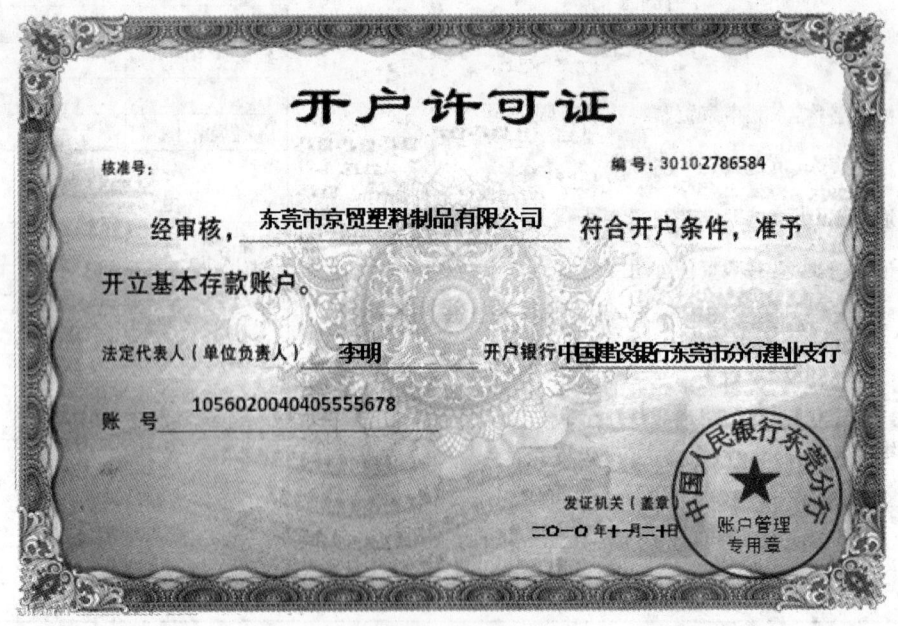

图 7　开户许可证

## 中国建设银行印鉴卡

| 账号 | 1056020040405555678 | 户 名 | 东莞市京贸塑料制品有限公司 |
|---|---|---|---|
| 地址 | 东莞市莞城区学院路 287 号 | 联系电话 | 0769-22662220 |
| 预留印鉴式样 | 东莞市京贸塑料制品有限公司财务专用章 李明 | 使用说明 | |
| | | 启用日期 2010 年 11 月 20 日 | |
| | | 注销日期　　年　月　日 | |

图 8　中国建设银行印鉴卡

3. 企业会计机构

企业财务部有三个岗位：财务主管、会计、出纳，共同分工完成企业会计相关事务。会计人员的基本职责要求会计人员遵照《小企业会计法》，执行具体会计制度规定，如实反映本企业的各项经济业务活动，提供真实可靠的会计资料，切实做好记账、算账、报账工作，为企业管理提供参考。

会计人员印章如图 9 所示。

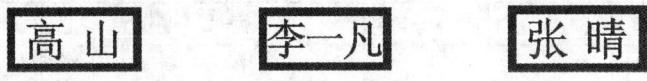

高山　　　李一凡　　　张晴

图 9　会计人员印章

4. 会计核算政策

存货按实际成本计价，具体如下所示：

(1) 原材料、包装物、库存商品均采用月末一次加权平均法计算发出成本。

(2) 产品按"品种法"计算成本，期末在产品按年初固定数计算成本。

(3) 电费按各部门用电量进行分配，基本生产车间动力用电按生产产品的机器工时进行分配。

(4) 制造费用按产品生产工时进行分配。

(5) 固定资产折旧采用年限平均法，按月分类计提折旧。

5. 11 月份资产负债表(如表 2 所示)

表2

## 资 产 负 债 表

单位名称:东莞市京贸塑料制品有限公司　2014 年 11 月 30 日

会小企 01 表

单位:元

| 资产 | 行次 | 期末余额 | 年初余额 | 负债和所有者权益 | 行次 | 期末余额 | 年初余额 |
|---|---|---|---|---|---|---|---|
| 流动资产: | | | | 流动负债: | | | |
| 货币资金 | 1 | 346 748.56 | 344 561.26 | 短期借款 | 31 | 100 000.00 | 100 000.00 |
| 短期投资 | 2 | | | 应付票据 | 32 | | |
| 应收票据 | 3 | | | 应付账款 | 33 | 230 000.00 | 156 850.00 |
| 应收账款 | 4 | 186 120.00 | 233 200.00 | 预收账款 | 34 | | 10 000.00 |
| 预付账款 | 5 | | | 应付职工薪酬 | 35 | 97 550.00 | 72 358.00 |
| 应收股利 | 6 | | | 应交税费 | 36 | 97 584.56 | 32 551.50 |
| 应收利息 | 7 | | | 应付利息 | 37 | | |
| 其他应收款 | 8 | 10 000.00 | 3 800.00 | 应付利润 | 38 | | 50 000.00 |
| 存货 | 9 | 158 250.50 | 127 512.58 | 其他应付款 | 39 | | |
| 其中:原材料 | 10 | | | 其他流动负债 | 40 | | |
| 在产品 | 11 | | | 流动负债合计 | 41 | 525 134.56 | 421 759.50 |
| 库存商品 | 12 | | | 非流动负债: | | | |
| 周转材料 | 13 | | | 长期借款 | 42 | | |
| 其他流动资产 | 14 | | | 长期应付款 | 43 | | |
| 流动资产合计 | 15 | 701 119.06 | 709 073.84 | 递延收益 | 44 | | |
| 非流动资产: | | | | 其他非流动负债 | 45 | | |
| 长期债券投资 | 16 | | | 非流动负债合计 | 46 | | |
| 长期股权投资 | 17 | | | 负债合计 | 47 | 525 134.56 | 421 759.50 |
| 固定资产原价 | 18 | 2 744 720.00 | 2 582 400.00 | | | | |
| 减:累计折旧 | 19 | 858 351.94 | 616 854.34 | | | | |
| 固定资产账面价值 | 20 | 1 886 368.06 | 1 965 545.66 | | | | |
| 在建工程 | 21 | 450 000.00 | | | | | |
| 工程物资 | 22 | | | | | | |
| 固定资产清理 | 23 | | | | | | |
| 生产性生物资产 | 24 | | | 所有者权益(或股东权益) | | | |
| 无形资产 | 25 | 116 000.00 | | 实收资本(或股本) | 48 | 1 700 000.00 | 1 700 000.00 |
| 开发支出 | 26 | | | 资本公积 | 49 | | |
| 长期待摊费用 | 27 | | | 盈余公积 | 50 | 200 000.00 | 200 000.00 |
| 其他非流动资产 | 28 | | | 未分配利润 | 51 | 728 352.56 | 352 860.00 |
| 非流动资产合计 | 29 | 2 452 368.06 | 1 965 545.66 | 所有者权益(或股东权益)　合计 | 52 | 2 628 352.56 | 2 252 860.00 |
| 资产总计 | 30 | 3 153 487.12 | 2 674 619.50 | 负债和所有者权益(或股东权益)　总计 | 53 | 3 153 487.12 | 2 674 619.50 |

6. 12 月份月初总账及明细账账户余额情况(如表 3 所示)

表 3　　　　　　　　　12 月份月初总账及明细账账户余额

| 总账科目 | 明细科目 | 借方余额 | | | 贷方余额 |
|---|---|---|---|---|---|
| | | 数量 | 单价 | 金额 | |
| 库存现金 | | | | 2 950.00 | |
| 银行存款 | | | | 343 798.56 | |
| 应收账款 | | | | 186 120.00 | |
| | 广州市百利超市 | | | 100 000.00 | |
| | 东莞市百家百货有限公司 | | | 86 120.00 | |
| 其他应收款 | | | | 10 000.00 | |
| | 王明 | | | 10 000.00 | |
| 原材料 | | | | 111 332.39 | |
| | 聚丙烯 | 6 012.00 | 12.20 | 73 335.55 | |
| | 聚乙烯 | 1 325.00 | 22.19 | 29 399.05 | |
| | 红色母料 | 7.80 | 309.97 | 2 417.79 | |
| | 黄色母料 | 14.00 | 420.00 | 5 880.00 | |
| | 纸盒 | 1 000.00 | 0.30 | 300.00 | |
| 库存商品 | | | | 33 859.27 | |
| | 饭盒 | 2 000.00 | 7.18 | 14 352.31 | |
| | 密封盒 | 1 725.00 | 6.64 | 11 461.28 | |
| | 水杯 | 1 185.00 | 6.79 | 8 045.68 | |
| 生产成本 | | | | 8 000.00 | |
| 周转材料 | | | | 5 058.84 | |
| | 工具一批 | | | 5 058.84 | |
| 固定资产 | | | | 2 744 720.00 | |
| 累计折旧 | | | | | 858 351.94 |
| 在建工程 | | | | 450 000.00 | |
| 无形资产 | | | | 120 000.00 | |
| 累计摊销 | | | | | 4 000.00 |
| 短期借款 | | | | | 100 000.00 |
| 应付账款 | | | | | 230 000.00 |
| | 广州石油化工有限公司 | | | | 230 000.00 |

| 总账科目 | 明细科目 | 借方余额 | | | 贷方余额 |
|---|---|---|---|---|---|
| | | 数量 | 单价 | 金额 | |
| 应付职工薪酬 | | | | | 97 550.00 |
| 应交税费 | | | | | 97 584.56 |
| | 应交增值税 | | | | 50 000.00 |
| | 应交城市维护城建税 | | | | 3 500.00 |
| | 教育费附加 | | | | 1 500.00 |
| | 企业所得税 | | | | 42 584.56 |
| 实收资本 | | | | | 1 700 000.00 |
| | 李明 | | | | 1 020 000.00 |
| | 东莞市花园纸业有限公司 | | | | 680 000.00 |
| 盈余公积 | | | | | 200 000.00 |
| 未分配利润 | | | | | 728 352.56 |
| 总账科目合计 | | | | 4 015 839.06 | 4 015 839.06 |

# 单元 1 筹资业务处理

 **学习目标**

- ◆ 会审核接受投资业务的相关单据
- ◆ 能进行接受货币投资、固定资产投资业务的账务处理
- ◆ 会审核银行借款业务相关单据
- ◆ 能进行短期借款借入、付息、归还业务的账务处理
- ◆ 能了解长期借款业务的账务处理
- ◆ 逐渐养成银行信息安全管理意识
- ◆ 逐渐养成资金成本意识

吸收投资情境如图 1-1 所示。

我公司产品市场前景不错,老板,还需要筹集资金扩大生产规模吗?

当然要,我已和东莞市花园纸业有限公司谈好了,他们公司增加投资,同时我们公司再向银行借些款吧。

财务主管　　　　　　总经理

图 1-1　吸收投资情境图

中小企业的筹资方式主要有:①吸收直接投资;②向银行借款;③留存收益转增资本;④利用商业信用。

吸收直接投资是指企业按照"共同投资、共同经营、共担风险、共享利润"的原则直接吸收国家、法人、个人投入资金的筹资方式。吸收投资中的出资者都是企业的所有者,他们对企业具有经营管理权,各方可按出资额的比例分享利润,承担损失。投资人的出资形式可以是货币资金,也可以是固定资产、无形资产、存货等非货币性资产。

向银行借款是指企业根据借款合同从银行或非银行金融机构借入所需资金的一种筹资方式。根据借款期限长短的不同,可分为短期借款和长期借款。

留存收益是企业从实现的净利润中提取或形成的资本积累,是企业可以自由使用的资金,包括盈余公积和未分配利润。留存收益转增资本主要是指盈余公积转增资本和未分配利润转增资本两种情况。

商业信用筹资是利用商业信用进行融资的行为。商业信用筹资的基本方法有以下两种:

(1) 卖方向买方提供赊销而形成的信用,从买方的角度看,是一种利用应付账款的筹资渠道,商品的加价部分是买方筹资的成本。

(2) 卖方给予现金折扣获取买方提前付款而形成的信用,从卖方的角度看,是一种利用预收账款或者减少应收账款的筹资渠道,现金折扣是卖方筹资的成本。

##  任务 1.1 筹资业务处理

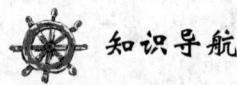 知识导航

1. 实收资本

小企业应设置"实收资本"账户核算小企业收到投资者按照合同协议约定或相关规定投入的、构成注册资本的部分。借方登记减少的注册资本,贷方登记增加的注册资本,余额在贷方表示企业的实收资本实有数。

企业收到投资者以货币形式投入的资本时,应当以实际收到或可存入企业开户银行的金额作为实收资本入账,借记"库存现金""银行存款"等科目,贷记"实收资本"科目。对于实际收到或者存入企业开户银行的金额超过投资者在注册资本中所占份额的部分,应当记入"资本公积"科目。

企业接受非货币性资产投资时,应当按照评估价值和相关税费,借记"固定资产""在建工程""原材料""无形资产"等科目,贷记"实收资本""资本公积"科目。涉及增值税进项税额的,还应进行相应的账务处理。

投资者根据有关规定对小企业进行增资或减资,小企业应当增加或减少实收资本。

**2. 资本公积**

资本公积是指小企业收到投资者出资超出其在注册资本中所占份额的部分。资本公积由全体股东享有,其形成有其特定的来源,与企业的净利润无关。

小企业应设置"资本公积"科目核算小企业收到投资者出资超出其在注册资本中所占份额的部分。小企业用资本公积转增资本,应当冲减资本公积。小企业的资本公积不得用于弥补亏损。

(1) 小企业收到投资者的出资,借记"银行存款""固定资产""无形资产"等科目,按照其在注册资本中所占的份额,贷记"实收资本"科目,按照其差额,贷记"资本公积"科目。

(2) 根据有关规定用资本公积转增资本,借记"资本公积"科目,贷记"实收资本"科目。

(3) 根据有关规定减少注册资本,借记"实收资本""资本公积"等科目,贷记"库存现金""银行存款"等科目。

## 活动 1.1.1　接受货币资产投资

 **活动背景**

收到货币资金投资情境如图 1-2 所示。

图 1-2　收到货币资金投资情境图

 **活动资料**

公司为扩大生产规模,投资人李明和东莞市花园纸业有限公司经协商研究决定,增加李明对企业的货币资金投资,增资后占企业 60% 的股份比例不变。款项已入公司银行存款基本户,如表 1-1 所示。

表 1-1

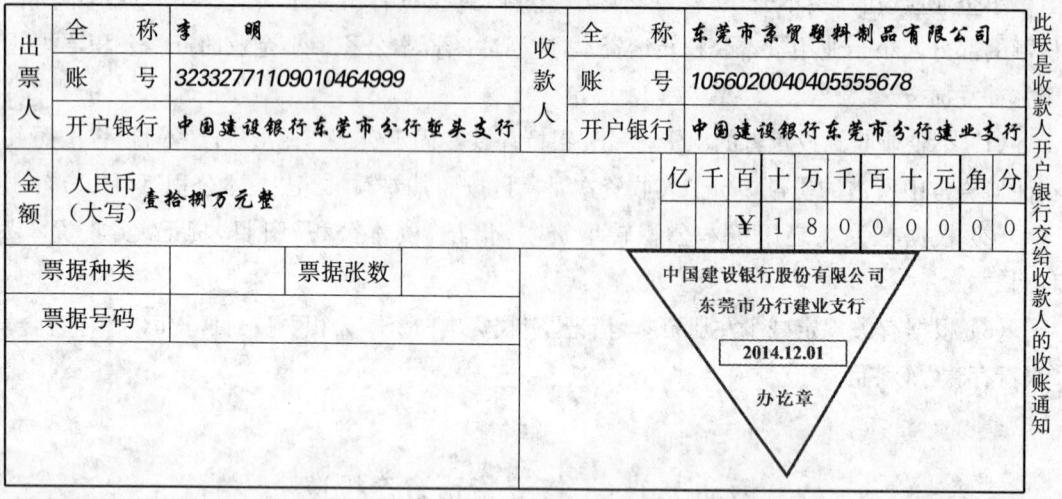

| 中国建设银行<br>China Construction Bank | 进账单（收账通知） | | 3 |
|---|---|---|---|

2014 年 12 月 01 日

| 出票人 | 全　称 | 李　明 | | 收款人 | 全　称 | 东莞市京贸塑料制品有限公司 | 此联是收款人开户银行交给收款人的收账通知 |
|---|---|---|---|---|---|---|---|
| | 账　号 | 32332771109010464999 | | | 账　号 | 1056020040405555678 | |
| | 开户银行 | 中国建设银行东莞市分行堑头支行 | | | 开户银行 | 中国建设银行东莞市分行建业支行 | |

| 金额 | 人民币<br>（大写） | 壹拾捌万元整 | 亿 千 百 十 万 千 百 十 元 角 分<br>￥1 8 0 0 0 0 0 0 0 |
|---|---|---|---|

| 票据种类 | | 票据张数 | | 中国建设银行股份有限公司<br>东莞市分行建业支行<br>2014.12.01<br>办讫章 |
|---|---|---|---|---|
| 票据号码 | | | | |

复核　　　　　　记账　　　　　　收款人开户银行签章

 活动指导

　　小企业收到投资者货币资金出资，借记"银行存款"科目，按照其在注册资本中所占的份额，贷记"实收资本"科目，按照其差额，贷记"资本公积"科目。

　　公司收到投资人李明增加投入的货币资金 180 000 元，已收到银行收账通知。

　　根据审核无误的收账通知单，编制记账凭证如表 1-2 所示。

表 1-2

## 记　账　凭　证

2014 年 12 月 01 日　　　　　　　　　　　　　　　　记字第 001 号

| 摘要 | 总账科目 | 明细科目 | √ | 借方金额<br>千 百 十 万 千 百 十 元 角 分 | √ | 贷方金额<br>千 百 十 万 千 百 十 元 角 分 |
|---|---|---|---|---|---|---|
| 收到投资款 | 银行存款 | | | ￥1 8 0 0 0 0 0 0 0 | | |
| | 实收资本 | 李明 | | | | ￥1 8 0 0 0 0 0 0 0 |
| | | | | | | |
| | | | | | | |
| | | | | | | |
| 附件 1 张 | 合　计 | | | ￥1 8 0 0 0 0 0 0 0 | | ￥1 8 0 0 0 0 0 0 0 |

财务主管　高山　　记账　　　　出纳　张晴　　审核　高山　　制单　李一凡

## 活动 1.1.2 接受固定资产投资

 **活动背景**

收到设备投资情境如图 1-3 所示。

图 1-3 收到设备投资情境图

 **活动资料**

委托东莞市诚信资产评估公司对东莞市花园纸业有限公司投入的一台压塑机进行评估,取得资产评估报告,如表 1-3 所示。经协商,同意东莞市花园纸业有限公司按评估价作为新增投入资本额。固定资产验收单如表 1-4 所示。

 **活动指导**

小企业接受投资者投入的房屋、建筑物、机器设备等固定资产,应当按照评估价值和相关税费,借记"固定资产"科目,按投资者在企业注册资本中所占的份额,贷记"实收资本"科目。投资者缴付企业的出资额大于其在企业注册资本中所拥有份额的数额,贷记"资本公积"科目。

根据评估报告书和固定资产验收单编制会计分录如下(用会计分录替代记账凭证,下同):

借:固定资产 ——压塑机　　　　　　　　　　　　　　　　　　　120 000
　贷:实收资本——东莞市花园纸业有限公司　　　　　　　　　　　　120 000

 **业务延伸**

例 1:A 公司成立时注册资本为 80 万元。现新增股东 B 公司向 A 公司投资,投资额为 25 万元,享有 A 公司增资后注册资本 100 万的 20%。A 公司收到 25 万投入资本时应将 20 万元(100万×20%)作为实收资本,5 万元作为资本溢价记入"资本公积"账户,A 公司应作账务处理如下:

借:银行存款　　　　　　　　　　　　　　　　　　　　　　　　250 000
　贷:实收资本——B 公司　　　　　　　　　　　　　　　　　　　200 000
　　资本公积——资本溢价　　　　　　　　　　　　　　　　　　　50 000

**表 1-3**

资产占有单位名称:东莞市花园纸业有限公司

## 固定资产——机器设备清查评估明细表

评估基准日:2014 年 11 月 30 日　　　　金额单位:人民币元　　编号:20141205

| 序号 | 设备编号 | 设备名称 | 规格型号 | 生产厂家 | 计量单位 | 购置日期 | 启用日期 | 帐面价值 | | 调整后帐面值 | | 评估价值 | | | | 备注 |
|---|---|---|---|---|---|---|---|---|---|---|---|---|---|---|---|---|
| | | | | | | | | 原值 | 净值 | 原值 | 净值 | 原值 | 成新率% | 净值 | 成新率% | |
| 1 | 1004 | 压塑机 | | | 台 | 2012.11 | 2012.11 | 150 000.00 | 120 000.00 | 150 000.00 | 120 000.00 | 150 000.00 | 80% | 120 000.00 | 80% | |
| | | | | | | | | | | | | | | | | |
| | 本页小计 | | | | | | | 150 000.00 | 120 000.00 | 150 000.00 | 120 000.00 | 150 000.00 | | 120 000.00 | | |
| | 合计 | | | | | | | 150 000.00 | 120 000.00 | 150 000.00 | 120 000.00 | 150 000.00 | | 120 000.00 | | |

评估单位:东莞市诚信资产评估公司　　　　　　评估人员:李为　　评估负责人:刘思成

（盖章：诚信资产评估公司）

**表 1-4**

## 固定资产验收单

2014 年 12 月 01 日　　　　　　　　编号:001　　　　　　　　单位:元

| 固定资产名称 | 规格型号 | 计量单位 | 数量 | 预计使用年限 | 尚可使用年限 | 投出单位账面价值 | | | 评估净值 |
|---|---|---|---|---|---|---|---|---|---|
| | | | | | | 原值 | 已提折旧 | 净值 | |
| 压塑机 | | 台 | 1 | 10 | 8 | 150 000.00 | 30 000.00 | 120 000.00 | 120 000.00 |

| 移交单位 | 东莞市花园纸业有限公司 | 接收单位 | 东莞市京贸塑料制品有限公司 | |
|---|---|---|---|---|
| | 负责人:张灿 | | 负责人 | 李明 |
| | 会计主管:王林 | | 会计主管 | 高山 |
| | 经办人:王赵刚 | | 经办人 | 马金龙 |

**任务 1.2 银行借款业务处理**

 **知识导航**

1. 短期借款

短期借款是小企业向银行或其他金融机构等借入的期限在 1 年以下(含 1 年)的各种借款。企业应通过"短期借款"账户,核算短期借款的借入、归还等情况。

短期借款的利息如果是按照季度或半年度支付的,或者利息是在到期时连同本金一并归还,并且数额较大的,为了正确地计算各期的损益,可以采用预提的办法,按月预提利息计入当期损益。

预提时,借记"财务费用"科目,贷记"应付利息"科目。

实际支付时,按已经预提的利息金额,借记"应付利息"科目,按实际支付的利息金额与已经预提的利息金额的差额(即尚未计提的部分),借记"财务费用"科目,按实际支付的利息金额,贷记"银行存款"科目。

如果短期借款的利息是按月度支付的,或者利息是在借款到期时连同本金一并归还,但是金额不大的,可以不采用预提的方法,而在实际支付或收到银行的计息通知时,直接计入当期损益。借记"财务费用"科目,贷记"银行存款"科目。

2. 长期借款

长期借款是小企业向银行或其他金融机构借入的期限在 1 年以上的各项借款本金。企业应通过"长期借款"账户,核算长期借款的借入、归还等情况。

## 活动 1.2.1 借入短期借款

 **活动背景**

申请短期借款情境如图 1-4 所示。

图 1-4 申请短期借款情境图

 **活动资料**

　　因流动资金不足,东莞市京贸塑料制品有限公司向中国建设银行东莞市分行建业支行申请流动资金贷款 10 万元,年利率 6%,按月付息,到期还本。由该行将这笔资金划入企业的账户上,贷款单据如表 1-5 所示。

表 1-5

 **借款凭证**(代回单)

转账日期:2014 年 12 月 05 日

| 借款单位名称 | 东莞市京贸塑料制品有限公司 | | 纳税人识别号 | 441911792915001 | | | | | | | | | | | | | |
|---|---|---|---|---|---|---|---|---|---|---|---|---|---|---|---|---|
| 放款账号 | 1056020040405555678 | | 往来账号 | | | | | | | | | | | | | | |
| 借款金额 | 人民币<br>(大写) | 壹拾万元整 | | | | | 亿 | 千 | 百 | 十 | 万 | 千 | 百 | 十 | 元 | 角 | 分 |
| | | | | | | | | | | ¥ | 1 | 0 | 0 | 0 | 0 | 0 | 0 | 0 |
| 用　途 | 企业周转资金 | | 利率 | 6.00% | | | | | | | | | | | | | |
| 单位提出期限 | 自 2014 年 12 月 05 日起至 2015 年 05 月 05 日止 | | | | | | | | | | | | | | | | |
| 银行核定期限 | 自 2014 年 12 月 05 日起至 2015 年 05 月 05 日止 | | | | | | | | | | | | | | | | |

上列款项已收入你方单位往来户内
此致
单位

东莞市建业支行
2014.12.05
办讫章

单位会计人员:

| | 日期 | 偿还金额 | 未还金额 | 复核盖章 | | 日期 | 金额 |
|---|---|---|---|---|---|---|---|
| 分次偿还记录 | 月 日 | 百 十 万 千 百 十 元 角 分 | 百 十 万 千 百 十 元 角 分 | | 分次偿还计划 | 年 月 日 | 万 千 百 十 元 角 分 |

 **活动指导**

　　向中国建设银行东莞市分行建业支行申请流动资金贷款 10 万元是短期借款,应记入"短期借款"科目。会计人员应对取得的借款凭证进行审核,根据审核无误的借款凭证,编制会计分录如下:

借:银行存款 100 000

　　贷:短期借款 100 000

## 活动 1.2.2　支付短期借款利息

 活动背景

收到借款利息清单情境如图 1-5 所示。

图 1-5　收到借款利息清单情境图

 活动资料

12 月 21 日,出纳张晴收到本月利息清单,如表 1-6 如示。

表 1-6

　（贷款）利息清单

币别:人民币　　　　　　2014 年 12 月 21 日　　　　　　　流水号:

| 户名:东莞市京贸塑料制品有限公司 | | | 账号 | 1056020040405555678 | |
|---|---|---|---|---|---|
| 计息项目 | 起息日 | 结息日 | 本金/积数 | 利率(%) | 利息 |
| | 20141121 | 20141220 | 100 000 | 6.00 | 500.00 |
| | | | | | |
| | | | | 中国建设银行股份有限公司 | |
| | | | | 东莞市分行建业支行 | |
| | | | 利息小计 | | 500.00 |
| 合计(大写) | 人民币伍佰元整 | | | 2014.12.21 | |
| 根据有关规定或双方约定,上列款项已直接扣划你单位账户,你单位上述账户不足支付时,请另筹措资金支付。 | | | | 办讫章 银行签章 | |
| 会计主管　　　　　授权　　　　　　复核　　　　　录入 | | | | | |

第二联　客户回单

**活动指导**

短期借款应当按照借款本金和借款合同利率在应付利息日计提利息费用,计入财务费用。

12月21日,根据审核无误的利息清单,编制会计分录如下:

借:财务费用——利息费用    500

  贷:银行存款    500

 **业务延伸**

例2:甲公司于2014年1月1日向建设银行借入生产周转借款100 000元,期限9个月,年利率6%,该借款按季付息,到期还本,甲公司有关账务处理如下:

(1)1月1日借入短期借款:

借:银行存款    100 000

  贷:短期借款    100 000

(2)1月末计息:

借:财务费用——利息费用    500

  贷:应付利息    500

2月末预提借款利息的会计处理与1月相同。

(3)3月31日支付第一季度银行借款利息:

借:应付利息    1 000

   财务费用    500

  贷:银行存款    1 500

## 活动1.2.3　归还短期借款

 **活动背景**

归还短期借款情境如图1-6所示。

图1-6　归还短期借款情境图

 活动资料

12 月 25 日，归还短期借款，还款凭证如表 1-7 如示。

表 1-7

 （贷款）还款凭证（还款记录）

2014 年 12 月 25 日　　　　　　　　原借款凭证银行编号：

| 借款单位 | 名　称 | 东莞市京贸塑料制品有限公司 | 付款单位 | 名　称 | 东莞市京贸塑料制品有限公司 |
|---|---|---|---|---|---|
| | 放款户账号 | 1056020040405555678 | | 存款户账号 | 10561891109010465666 |
| | 开户银行 | 中国建设银行东莞市分行建业支行 | | 开户银行 | 中国建设银行东莞市分行建业支行 |
| 计划还款日期 | 2014 年 12 月 25 日 | | 还款次序 | 第 1 次还款 | |
| 偿还金额 | 货币及金额（大写） | 人民币伍万元整 | | 千百十万千百十元角分 ￥5 0 0 0 0 0 0 | |
| 还款内容 | 流动资金借款 | | | | |
| 备注： | | | 上述借款已从借款单位存款户转还 会计　　　记账　　年 月 日 | | |

此联转账后送信贷部门

 活动指导

归还借款时，借记"短期借款"科目，贷记"银行存款"科目。

12 月 25 日，根据还款凭证编制会计分录如下：

借：短期借款　　　　　　　　　　　　　　　　　　　　　　50 000
　　贷：银行存款　　　　　　　　　　　　　　　　　　　　　　　50 000

 知识拓展

小企业借入长期借款时，借记"银行存款"科目，贷记"长期借款"科目；在应付利息日，应当按照借款本金和借款合同利率计提利息费用，借记"财务费用""在建工程"等科目，贷记"应付利息"科目；偿还长期借款本金时，借记"长期借款"科目，贷记"银行存款"科目。

企业为购置、建造固定资产、无形资产发生借款的，在有关资产购置、建造期间发生的合理的借款费用，应当作为资本性支出计入有关资产的成本。

例 3：A 公司为建造仓库，于 2×13 年 1 月 1 日向建设银行借入 3 年期借款 600 000 元，年利率 8%，每年年末分期归还借款利息，到期一次还本。款项已存入银行。该工程于第二

年年末竣工并办理结算,则 A 公司应作如下会计处理:

(1) 取得长期借款时:

借:银行存款　　　　　　　　　　　　　　　　　　　　　　　600 000

　贷:长期借款　　　　　　　　　　　　　　　　　　　　　　600 000

(2) 第一年年末计提利息时:

借:在建工程　　　　　　　　　　　　　　　　　　　　　　　48 000

　贷:应付利息　　　　　　　　　　　　　　　　　　　　　　48 000

偿还长期借款利息时:

借:应付利息　　　　　　　　　　　　　　　　　　　　　　　48 000

　贷:银行存款　　　　　　　　　　　　　　　　　　　　　　48 000

第二年会计处理同上。

(3) 第三年年末计提利息时:

借:财务费用　　　　　　　　　　　　　　　　　　　　　　　48 000

　贷:应付利息　　　　　　　　　　　　　　　　　　　　　　48 000

(4) 偿还长期借款本金和第三年借款利息时:

借:长期借款　　　　　　　　　　　　　　　　　　　　　　　600 000

　应付利息　　　　　　　　　　　　　　　　　　　　　　　48 000

　贷:银行存款　　　　　　　　　　　　　　　　　　　　　　648 000

 **单元练习**

**一、单项选择题**

1. 小企业借入长期借款在按照借款本金和借款合同利率计提利息时,其贷方应记入( )科目。

A.“财务费用”　　　B.“银行存款”　　　C.“其他应付款”　　　D.“应付利息”

2. 小企业收到投资者出资超过其在注册资本中所占份额的部分,作为资本溢价,应通过( )科目核算。

A.“实收资本”　　　B.“资本公积”　　　C.“盈余公积”　　　D.“利润分配”

3. 甲公司 2×13 年 1 月 1 日从银行借入资金 100 万元,借款期限为 2 年,年利率为 6%,利息从 2×13 年开始每年年初支付,到期时归还本金及最后一年利息。2×13 年 12 月 31 日该长期借款的账面价值为( )万元。

A. 6　　　　　　B. 100　　　　　　C. 106　　　　　　D. 112

4. 黄河有限责任公司由甲、乙、丙三方各出资 200 万元组建。两年后,经与甲、乙、丙协商一致,投资者丁愿以银行存款投入资产 260 万元,占黄河公司注册资本的 1/4。黄河公司收到投资者丁投入的资本时应作的会计处理是(　　)。

A. 借:银行存款　　　　　　　　　　　　　　　　　2 600 000

　　贷:实收资本　　　　　　　　　　　　　　　　　2 600 000

B. 借:银行存款　　　　　　　　　　　　　　　　　2 600 000

　　贷:实收资本　　　　　　　　　　　　　　　　　2 000 000

　　　　资本公积——资本溢价　　　　　　　　　　　600 000

C. 借:银行存款　　　　　　　　　　　　　　　　　2 600 000

　　贷:实收资本　　　　　　　　　　　　　　　　　2 400 000

　　　　资本公积——资本溢价　　　　　　　　　　　200 000

D. 借:银行存款　　　　　　　　　　　　　　　　　2 600 000

　　贷:股本　　　　　　　　　　　　　　　　　　　2 000 000

　　　　资本公积——股本溢价　　　　　　　　　　　600 000

5. 关于实收资本,下列说法中,错误的是(　　)。

A. 实收资本是指投资者按照合同协议约定或相关规定投入到小企业、构成小企业注册资本的部分

B. 实收资本在一般情况下无需偿还,可以长期周转使用

C. 小企业根据有关规定增加注册资本,应贷记"实收资本"科目

D. 小企业收到投资者的出资,按照其在注册资本中所占的份额,贷记"实收资本"科目,按照其差额,贷记"盈余公积"科目

二、多项选择题

1. 中小企业的筹资方式主要有(　　)。

A. 吸收直接投资　　　　　　　　　　B. 向银行借款

C. 留存收益转增资本　　　　　　　　D. 利用商业信用

2. 下列项目中,可以作为投资人的出资形式的有(　　)。

A. 货币资金　　　　B. 固定资产　　　　C. 无形资产　　　　D. 存货

3. 长期借款计提利息所涉及的账户有(　　)。

A."其他应付款"　　B."财务费用"　　C."在建工程"　　D."应付利息"

4. 关于长期借款,下列说法中,正确的有(　　)。

A. 长期借款是小企业向银行或其他金融机构借入的期限在 1 年以上(含 1 年)的各项借款本金

B. 小企业借入长期借款时,借记"银行存款"科目,贷记"长期借款"科目

C. 在应付利息日,小企业应当按照借款本金和借款合同利率计提利息费用,借记"财务费用""在建工程"等科目,贷记"应付利息"科目

D. 小企业偿还长期借款本金时,借记"长期借款"科目,贷记"银行存款"科目

5. 小企业借入借款后,应当按照借款本金和借款合同利率计提利息费用,借记(    )等科目,贷记"应付利息"科目。

A. "管理费用"　　B. "在建工程"　　C. "财务费用"　　D. "销售资产"

**三、判断题**

1. 向银行借款根据借款期限长短的不同,可分为短期借款和长期借款。　　(    )

2. 对于实际收到或者存入企业开户银行的金额超过投资者在注册资本中所占份额的部分,应当记入"盈余公积"科目。　　(    )

3. 短期借款是企业向银行或其他金融机构等借入的期限在1年以下(不含1年)的各种借款。　　(    )

4. 企业接受非货币性资产投资时,应当按照评估价值和相关税费,计入有关非货币性资产项目。　　(    )

5. 长期借款是小企业向银行或其他金融机构借入的期限在1年以上(含1年)的各项借款本金。　　(    )

6. 小企业借入长期借款,在应付利息日,应当按照借款本金和借款合同利率计提利息费用。　　(    )

7. 小企业收到投资者出资超过其在注册资本中所占份额的部分,作为资本溢价,通过"实收资本"账户核算。　　(    )

8. 投资者投入的资本,不得变动。　　(    )

9. 小企业的资本公积可以用于弥补亏损。　　(    )

10. 小企业借入长期借款的利息记入"长期借款"科目。　　(    )

**四、实务题**

某公司2015年1月发生了以下业务,请根据发生的业务编制相应的会计分录。

1. 1日,向中国建设银行借入半年期借款200 000元,年利率6%,按月计还利息,款项已入公司账户。

2. 5日,收到A投资者货币投资300 000元,款项已入存款账户。

3. 8日,收到B投资者生产设备投资,设备原值200 000元,已提折旧30 000元,经评估的价值180 000元,设备经验收投入使用。

4. 16日,归还上年度借入的短期借款150 000元。

5. 31日,计提上年借入3年期借款利息,2013年向银行借款360 000元,年利率5%,借款用于扩建厂房,厂房正在建设中。

# 单元2 货币资金业务处理

## 学习目标

◆ 熟悉各种收付款单据的填制,会审核收付款单据的准确性和完整性

◆ 能熟练编制现金和银行存款的收付款凭证

◆ 了解办理银行业务的各种流程

◆ 熟悉常用的银行结算方式

◆ 了解货币资金管理的法律法规

◆ 逐渐养成现金安全管理和银行信息安全管理意识

货币资金核算情境如图 2-1 所示。

图 2-1　货币资金核算情境图

货币资金是指企业在生产经营过程中处于货币形态的那部分资金。按其存放地点和用途不同分为库存现金、银行存款和其他货币资金。

库存现金是指小企业存放于会计机构、由出纳人员保管的货币资金。

银行存款是小企业存放于银行或其他金融机构的货币资金。

其他货币资金是指除库存现金、银行存款以外的其他各种货币资金,主要包括银行汇票存款、银行本票存款、信用卡存款、信用证保证金存款、外埠存款等。

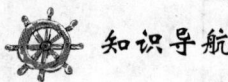

## 任务 2.1　库存现金业务处理

### 知识导航

库存现金是指小企业存放于会计机构、由出纳人员保管的货币资金(包括人民币和外币)。小企业必须根据现金管理制度,加强库存现金的管理和内部控制。

1. 库存现金使用范围

(1) 职工工资、津贴。

(2) 个人劳务报酬。

(3) 根据国家规定发给个人的科学技术、文化艺术、体育等各种奖金。

(4) 各种劳保、福利费用以及国家规定的对个人的其他支出。

(5) 向个人收购农副产品和其他物资的价款。

(6) 出差人员必须随身携带的差旅费。

(7) 结算起点以下(1 000 元)的零星支出。

(8) 中国人民银行确定需要支付现金的其他支出。

小企业在日常资金结算工作中,应按照上述范围严格控制现金支出。不属于现金结算范围的款项支出,一律通过银行转账结算。

2. 库存现金的限额

库存现金的限额是指为了保证企业日常零星开支的需要,允许企业留存库存现金的最高数额。开户银行应当根据实际需要,核定开户单位 3～5 天的日常零星开支所需的库存现金限额。边远地区和交通不便地区的开户单位的库存现金限额,可以多于 5 天,但不得超过 15 天的日常零星开支。

核定后的库存现金限额,企业必须严格遵守,超过限额部分应于当日终了前存入银行;库存现金低于限额时,可以签发现金支票从银行提取现金,补足限额。需要增加或减少库存现金限额的企业,应向开户银行提出申请,由开户银行核定。

3. 库存现金收支的日常管理

按照《中华人民共和国现金管理暂行条例》,小企业在办理日常现金收支业务时要严格遵循以下规定:

(1) 库存现金收入应于当日送存开户银行,当日送存有困难的,由开户银行确定送存时间。

(2) 小企业支付现金,可以从本企业库存现金中支付或者从开户银行提取,不得从本企业的现金收入中直接支付,即不得坐支现金。小企业从开户银行提取库存现金,应当写明用途,由本单位财会部门负责人签字盖章,经开户银行审核后,予以支付库存现金;不准用不符合制度的凭证顶替库存现金;不准谎报用途套取库存现金;不准利用银行账户代其他单位和个人存入或支取库存现金;不准将单位收入的库存现金以个人名义存储,不准保留账外公款,即不得私设"小金库"等。

4. 库存现金的核算

小企业应设置"库存现金"账户进行总括核算,设置"库存现金日记账",由出纳人员根据收、付款凭证,按照业务发生顺序逐日逐笔登记。每日终了,应当计算当日的库存现金收入、支出合计数和结余数,并将结余数与实际库存数核对,做到账款相符。

(1)库存现金收入。小企业库存现金收入的内容主要有:从银行提取现金、职工出差报销时交回的剩余借款、收取的零星销售收入款、收取对个人的罚款等。增加库存现金时,借记"库存现金"科目,贷记有关科目。

(2)库存现金支出。小企业库存现金支出的内容主要有:向外部购买货物、接受外单位提供的劳务而支付的库存现金;向本单位职工发放工资、向单位内部有关部门支付备用金、差旅费而支付的库存现金;为本单位职工代垫、代付有关款项以及其他向有关单位和个人支付的库存现金等。小企业按照现金开支范围的规定支付现金时,借记有关科目,贷记"库存现金"科目。

(3)库存现金清查。小企业库存现金清查发现的有待查明原因的现金短缺或溢余,应通过"待处理财产损溢"账户核算:属于现金短缺,应按照实际短缺的金额,借记"待处理财产损溢——待处理流动资产损溢"科目,贷记"库存现金"科目;属于现金溢余,按照实际溢余的金额,借记"库存现金"科目,贷记"待处理财产损溢——待处理流动资产损溢"科目。

现金短缺查明原因后,按照管理权限经批准后处理时,按照可收回的保险赔偿或过失人赔偿,借记"其他应收款"科目,按实际短缺的金额扣除可收回的保险赔偿或过失人赔偿部分后的金额,借记"营业外支出"科目,按实际短缺的金额,贷记"待处理财产损溢——待处理流动资产损溢"科目。

现金溢余查明原因后,按照管理权限经批准后处理时,按照实际溢余的金额,借记"待处理财产损溢——待处理流动资产损溢"科目,贷记"营业外收入"科目。

## 活动 2.1.1　从银行提取现金

 **活动背景**

准备提现情境如图 2-2 所示。

图 2-2　准备提现情境图

 活动资料

2014 年 12 月 2 日，出纳开出一张现金支票，提取备用金 2 500 元，如表 2-1 所示。

表 2-1（正面）

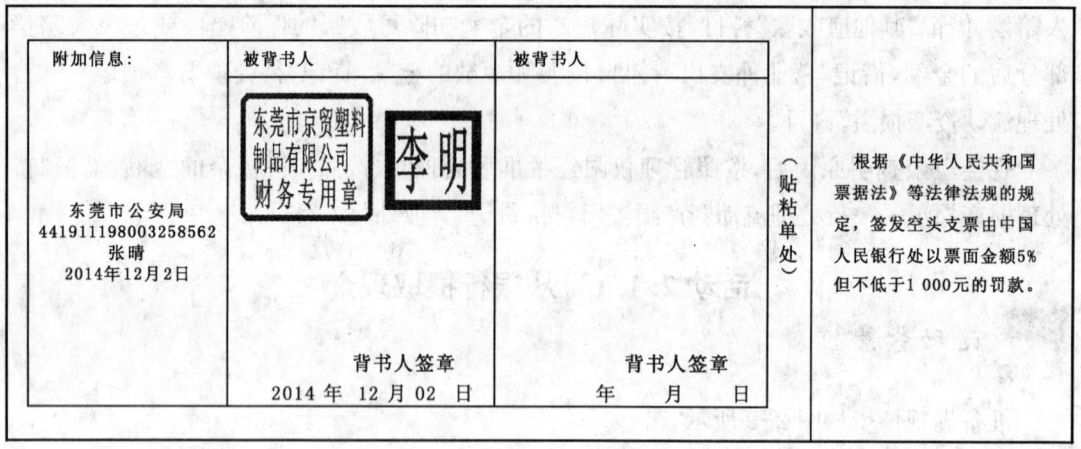

表 2-1（背面）

 活动指导

单位从银行提取现金时，一般由出纳办理，具体的流程是：签发现金支票→ 取款 → 登记库存现金日记账和银行存款日记账。

会计人员根据现金支票存根编制记账凭证：

借:库存现金 2 500

　贷:银行存款 2 500

与一般签发普通支票不同,单位向银行提取现金,其收款人和签发人都是本单位。

收到银行付给的现金时,一般应当面清点现金数量,清点无误后才离开柜台,切不可离开柜台后点数。

## 活动 2.1.2　预借和报销差旅费

 **活动背景**

预借差旅费情境如图 2-3 所示。

图 2-3　预借差旅费情境图

**活动资料一**

2014 年 12 月 6 日,销售部周迪生出差,预借差旅费 2 000 元。借款单如表 2-2 所示。

表 2-2

## 借　款　单

2014 年 12 月 06 日

| 借款单位:销售部 | | 借款人:周迪生 | |
|---|---|---|---|
| 借款理由　出差 | | 现金付讫 | |
| 借款数额:人民币(大写)贰仟元整 | | | ￥2 000 |
| 本单位负责人意见:　同意借款 | | 借款人(签章)周迪生 | |
| 领导指示:<br>李明 | 会计主管人员核批:<br>高山 | 付款记录:<br>2014 年 12 月 06 日 | |

## 活动指导一

单位工作人员出差需借支差旅费时，应先到财会部门领取并填写借款单，然后送有关领导审查签字。会计根据借款单编制记账凭证：

借：其他应收款——周迪生　　2 000

　贷：库存现金　　2 000

出纳员对借款单和付款凭证进行审核后予以支付并登记库存现金日记账。

## 活动资料二

2014 年 12 月 11 日，周迪生出差返回，报销差旅费共计 1 750 元，并退回多余款。具体如表 2-3 至表 2-10 所示。

表 2-3

**差旅费报销单**

部门：销售部　　2014 年 12 月 11 日　　附单据 6 张

| 出差人：周迪生 | | | | 员工号： | | | | 电话： | | 出差事由：商品展销会 | | | |
|---|---|---|---|---|---|---|---|---|---|---|---|---|---|
| 出发 | | | | 到达 | | | | 交通工具 | | 出差补贴 | | 其他费用 | |
| 月 | 日 | 时 | 地点 | 月 | 日 | 时 | 地点 | 种类 | 金额 | 天数 | 金额 | 项目 | 金额 |
| 12 | 6 | | 东莞 | 12 | 6 | | 南京 | 飞机 | 400.00 | 5 | 250.00 | 住宿费 | 600.00 |
| 12 | 6 | | 南京 | 12 | 10 | | 南京 | 飞机 | 400.00 | | | 市内东费 | 100.00 |
| | | | | | | | | | | | | | |
| | | | | | | | | | | | | | |
| | | | | | | | | | | | | | |
| | | | | | | | | | | | | | |
| 金额小计 ￥1 750.00 | | | | | | | | | | | | | |
| 报销总额 | 大写：壹仟柒佰伍拾元整 | | | | | | | 预借旅费 | | 现金：2 000.00<br>支票： | | 补领金额<br>退还金额 | ￥<br>￥250.00 |

批准人：李明　　审核人：高山　　稽核人：李一凡　　出纳：张晴　　领款人/经手人：周迪生

表 2-4

**航空运输电子客票行程单**
ITINERARY/RECEIPT OF E-TICKET
FOR AIR TRANSPORT

印刷序号:7247547898 3
SERIALNUMBER:

付款凭证手写无效

签注 ENDORSEMENTSRESTRICTONS(CARBON)

不得签转按南航总航则执行

| 旅客姓名 NAME OF PASSENGER 周迪生 | 承运人 CARRIER | 航班号 FLIGHT | 座位等级 CLASS | 日期 DATE | 时间 TIME | 客票级别/客票类别 FARE BASIS | 客票生效日期 NOT VALID BEFORE | 有效截止时期 NOT VALID AFTER | 免费行李 ALLOW |
|---|---|---|---|---|---|---|---|---|---|
| 有效身份证件号码 ID. NO. 44010219760507 2412 | | | | | | | | | |
| GF7PV | FM | 9358 | P | 3-Dec | 7:50 | YB30 | | | 20K |
| | FM | 9355 | E | 3Jan | 8:35 | | | | 20K |
| 自 FROM 广州 CAN | 票价 FARE CNY 600.00 | 机场建设费 AIRPORT TAX CN 100.00 | | | 燃油附加费 FUEL SURCHARGE YQ 100.00 | 其他税费 OTHER TAXES | 合计 TOTAL CNY 800.00 | | |
| 至 TO 南京 NKG | | | | | | | | | |
| 至 TO 广州 CAN | | | | | | | | | |
| 电子客票号码 7842419004755 E-TICKET NO. | 验证码 7898 CK. | 提示信息 INFORMATION | | | | 连续客票 | | | |
| 销售单位代码:CAN009 AGENT CODE | 填开单位 ISSUED BY 广州白云······有限公司 | | | | | 保险费 ZNSURANCE | 填开日期 2014-12-6 DATE OF ISSUE | | |

表 2-5

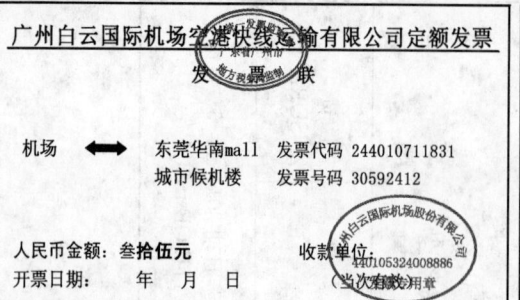

广州白云国际机场空港快线运输有限公司定额发票

发票联

机场 ←→ 东莞华南mall　发票代码 244010711831
城市候机楼　发票号码 30592412

人民币金额：叁拾伍元　收款单位：
开票日期：　年 月 日

表 2-6

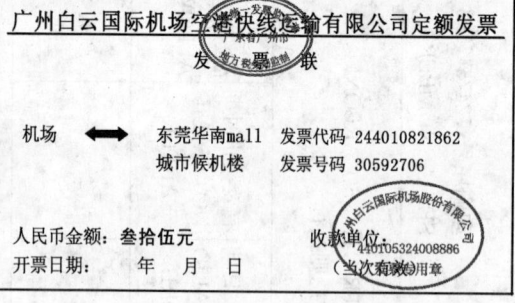

广州白云国际机场空港快线运输有限公司定额发票

发票联

机场 ←→ 东莞华南mall　发票代码 244010821862
城市候机楼　发票号码 30592706

人民币金额：叁拾伍元　收款单位：
开票日期：　年 月 日

表 2-7

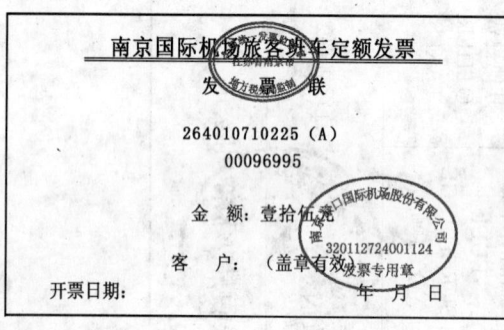

南京国际机场旅客班车定额发票

发票联

264010710225（A）

00096995

金　额：壹拾伍元
客　户：（盖章有效）

开票日期：　年 月 日

表 2-8

南京国际机场旅客班车定额发票

发票联

264010710225（A）

00097563

金　额：壹拾伍元
客　户：（盖章有效）

开票日期：　年 月 日

表 2-9

## 江苏省地方税务局通用机打发票

发票联

开票日期：2014 年 12 月 10 日　　　行业分类：　　　　　　　发票代码 23201171633
发票号码 23164574

| 纳税人识别号：320112724005876 | 机打号码：23164574 |
| 机器编号： | 税控防伪码：QZUECVA419TYU7MUF8EQ |
| 付款户名：东莞市京贸塑料制品有限公司 | 付款方式：信用卡 |

| 房号 | 到店时间 | 离店时间 | 天数 | 人数 | 单价 | 金额 |
|---|---|---|---|---|---|---|
| 2207 | | | 4 | | 150.00 | 600.00 |

合计金额大写（人民币）：陆佰元整　　　　　　　　　　　¥600.00

开票人：徐玲玲　　　收款人：徐玲玲　　　收款单位盖章　　　　　手写无效

第一联　发票联　付款方记账凭证

表2-10

# 收 据

2014 年 12 月 11 日                字   NO 0000829

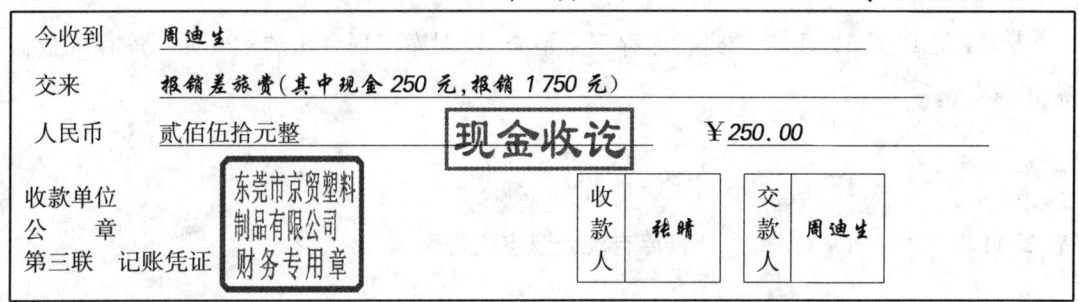

| 今收到 | 周迪生 | | | |
| 交来 | 报销差旅费(其中现金 250 元,报销 1 750 元) | | | |
| 人民币 | 贰佰伍拾元整   现金收讫 | | ¥250.00 | |
| 收款单位 公    章 第三联  记账凭证 | 东莞市京贸塑料制品有限公司财务专用章 | 收款人 | 张晴 | 交款人 | 周迪生 |

 **活动指导二**

出差人员报销差旅费时,先到财务部门领取差旅费报销单,如实填写有关内容,并将有关原始凭证粘贴在报销单的背后,经有关领导审查签字后,送财务部门,会计人员审查单据后按单位规定计算应报销的金额,编制记账凭证后交出纳员办理现金收付。

会计人员编制记账凭证时:

借:库存现金                                                                    250

   销售费用——差旅费                                                     1 750

   贷:其他应收款——周迪生                                          2 000

 **注意事项**

报销差旅费时,会计人员不得把原借款借据交还给借款人,收回余款时必须另开收据。

## 活动 2.1.3   清查库存现金

 **活动背景**

库存现金清查情境如图 2-4 所示。

图 2-4   库存现金清查情境图

 活动资料一

2014 年 12 月 12 日，单位进行库存现金清查，发现库存现金短款 800 元。库存现金盘点报告如表 2-11 所示。

**表 2-11** 库存现金盘点报告表

单位名称：东莞市京贸塑料制品有限公司 　　　　　　　　　　　　　　　2014 年 12 月 12 日

| 实存金额 | | 1 901.00 |
|---|---|---|
| 账存金额 | | 2 701.00 |
| 对比结果 | 库存现金溢余 | |
| | 库存现金短缺 | 800.00 |
| 备　注 | | |

盘点人(签章)：高山　　　　　　　　　　　　　　　　　出纳员(签章)：张晴

 活动指导一

小企业在库存现金清查时，发现有待查明原因的库存现金短缺，应通过"待处理财产损溢"账户核算。按照实际短缺的金额，借记"待处理财产损溢——待处理流动资产损溢"科目，贷记"库存现金"科目。

借：待处理财产损溢——待处理流动资产损溢 　　　　　　　　　　　　　　　800
　　贷：库存现金 　　　　　　　　　　　　　　　　　　　　　　　　　　　　　800

 注意事项

库存现金清查一般采用突击盘点，不预先通知出纳员，盘点时间最好在当天业务没有开始或当天业务结束，由出纳员截止清查时库存现金收付账项全部登记入账，并结出账面余额，这样以避免干扰日常业务，清查时出纳员应始终在场。

 活动指导二

2014 年 12 月 15 日，经查库存现金短缺的主要原因系出纳员责任，应由出纳员赔偿 600 元，其余部分由企业负担。会议纪要如表 2-12 所示。

表 2-12

## 会 议 纪 要

　　本公司 2014 年 12 月 12 日清查财产短缺库存现金 800 元的原因已查明,确认为属于管理不善造成。经 12 月 15 日经理办公会议研究,同意损失额中的 600 元由过失人张晴赔偿,其余按财务制度处理。

东莞市京贡塑料制品有限公司

2014 年 12 月 15 日

 **活动指导二**

　　查明库存现金短缺的原因后,按照管理权限经批准后处理时,按照可收回的保险赔偿或过失人赔偿,借记"其他应收款"科目,按实际短缺的金额扣除可收回的保险赔偿或过失人赔偿部分后的金额,借记"营业外支出"科目。

　　借:其他应收款——张晴　　　　　　　　　　　　　　　　　　　　　　　　　600
　　　营业外支出　　　　　　　　　　　　　　　　　　　　　　　　　　　　　200
　　　贷:待处理财产损溢——待处理流动资产损溢　　　　　　　　　　　　　　　800

**业务延伸**

　　库存现金盘点属于库存现金溢余的,按照实际溢余的金额,借记"库存现金"科目,贷记"待处理财产损溢——待处理流动资产损溢"科目。

　　库存现金溢余查明原因后,按照管理权限经批准后处理时,按照实际溢余的金额,借记"待处理库存财产损溢——待处理流动资产损溢"科目,贷记"营业外收入"科目。

　　假定公司盘点库存现金,库存现金溢余为 500 元,经批准作"营业外收入"处理,则编制会计分录如下所示:

　　(1) 盘点时处理:

　　借:库存现金　　　　　　　　　　　　　　　　　　　　　　　　　　　　　　500
　　　贷:待处理财产损溢——待处理流动资产损溢　　　　　　　　　　　　　　　500

　　(2) 经批准后处理:

　　借:待处理财产损溢——待处理流动资产损溢　　　　　　　　　　　　　　　　500
　　　贷:营业外收入　　　　　　　　　　　　　　　　　　　　　　　　　　　500

## 任务 2.2 银行存款业务处理

 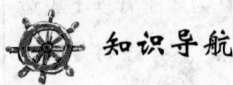 **知识导航**

小企业应设置"银行存款"账户核算银行存款的收入、支出和结存情况。

小企业应当按照开户银行和其他金融机构、存款种类等设置"银行存款日记账",由出纳人员根据收、付款凭证,按照业务的发生顺序逐笔登记。每日终了,应结出余额。

小企业增加银行存款,借记"银行存款"科目,贷记"库存现金""应收账款"等科目;减少银行存款,借记"材料采购""管理费用"等科目,贷记"银行存款"。

为了防止记账发生差错,正确掌握银行存款实际数额,小企业应加强对银行存款的管理,并定期对银行存款进行检查。银行存款的清查包括三个方面:一是"银行存款日记账"与银行存款收、付款凭证相互核对,对于库存现金存入银行的业务还要与现金付款凭证核对,做到账证相符;二是"银行存款日记账"与银行存款总账相互核对,做到账账相符;三是在账账相符的基础上,将"银行存款日记账"与"银行对账单"相互核对,做到账单相符。小企业"银行存款日记账"账面余额与"银行对账单"余额之间如有差额,必须逐笔查明原因,至少每月编制"银行存款余额调节表"调节相符。

有关银行结算方式,可参阅表 2-13。

表 2-13

| 结算方式 | 分类 | 使用规定 | 适用范围与条件 | 结算期限 | 金额起点 |
|---|---|---|---|---|---|
| 支票 | 现金支票 转账支票 普通支票 | 现金支票只能支取现金;转账支票只能转账;普通支票可支取现金、可转账,但划线支票,只能转账。禁止签发空头支票 | 单位与个人均可;同城结算 | 提示付款期自出票日起10日内 | 支票金额起点为100元。但结清账户时,可不受其起点限制 |
| 银行本票 | 不定额本票 定额本票 | 可用于转账,填明"现金"字样的可以用于支取现金 | 单位与个人均可;同城结算 | 提示付款期自出票日起最长不得超过2个月 | 不定额本票无金额起点限制;定额本票有1 000元、5 000元、10 000元和50 000元面额 |
| 银行汇票 | — | 可用于转账,填明"现金"字样的可以用于支取现金 | 单位与个人均可;同城异地均可 | 提示付款期自出票日起1个月内 | 无 |

（续表）

| 结算方式 | 分类 | 使用规定 | 适用范围与条件 | 结算期限 | 金额起点 |
|---|---|---|---|---|---|
| 商业汇票 | 商业承兑汇票 银行承兑汇票 | 可以背书转让，可以向银行申请贴现 | 在银行开立存款账户的法人及其他组织之间，具有真实交易关系或债权债务关系；同城异地均可 | 付款期限最长不得超过6个月；提示付款期自汇票到期日起10天 | 无 |
| 汇兑 | 信汇 电汇 | 汇款人对汇出银行尚未汇出的款项可以"申请撤销"；汇款人对汇出银行已经汇出的款项可以办理"退汇" | 单位与个人均可；异地结算 | 无 | 无 |
| 委托收款 | 邮寄 电报 | 单位和个人凭已承兑商业汇票、债券、存单等付款人债务证明办理结算；不得部分拒付 | 同城异地均可 | 3日内确定是否付款并告知银行 | 无 |
| 托收承付 | 邮寄 电报 | 收款人办理托收，必须具有商品确已发运的证件及其他有效证件；付款人开户银行对付款人逾期支付的款项，按每天5‰计算赔偿金 | 必须是国有企业、供销合作社及经审查同意的城乡集体所有制工业企业；必须是商品交易以及因商品交易而产生的劳务款项；异地结算 | 验单付款3天；验货付款10天 | 10 000元（新华书店系统为1 000元） |

## 活动2.2.1 支付应付账款

**活动背景**

支付应付账款情境如图2-5所示。

图2-5 支付货款情境图

 活动资料

2014 年 12 月 3 日,支付广州石油化工有限公司货款 200 000 元,如表 2-14 所示。

表 2-14

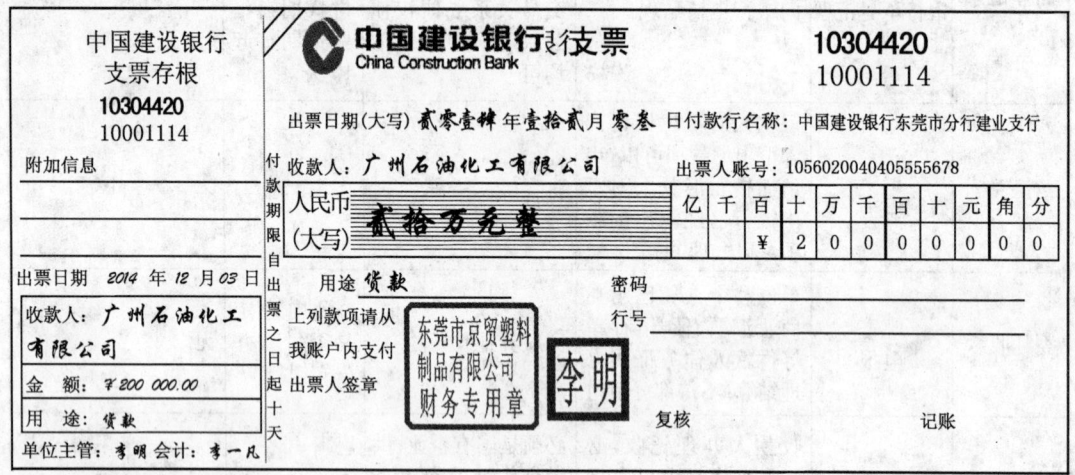

 活动指导

支付前欠应付账款时,应借记"应付账款"科目,贷记"银行存款"科目。

| | |
|---|---|
| 借:应付账款——广州石油化工有限公司 | 200 000 |
| 　贷:银行存款 | 200 000 |

## 活动 2.2.2　收回应收账款

 活动背景

收取货款情境如图 2-6 所示。

图 2-6　收取货款情境图

 活动资料

　　12 月 13 日，收到广州市百利超市偿还货款的支票一张，金额为 60 000 元，已将支票送存银行，如表 2-14 至表 2-16 所示。

表 2-15（正面）

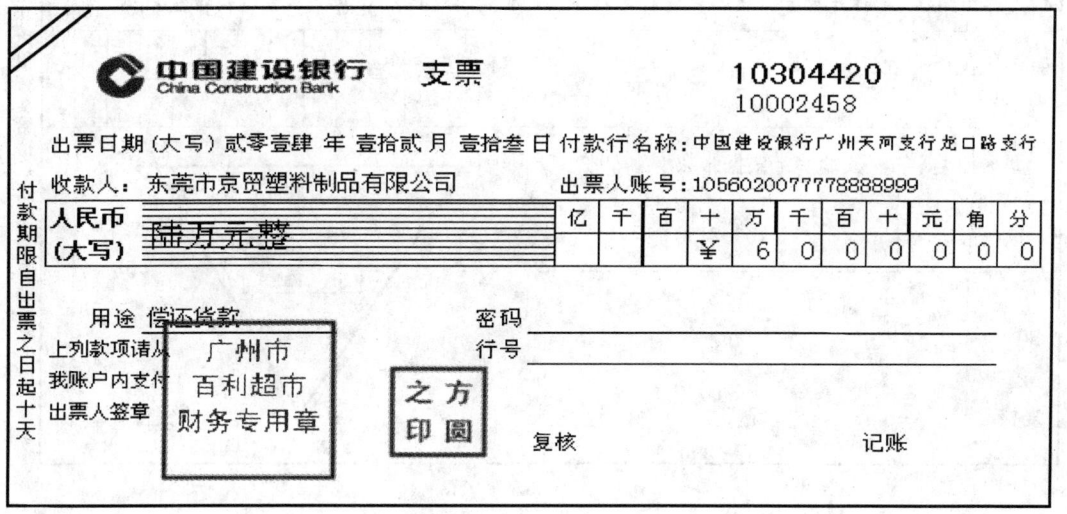

表 2-15（背面）

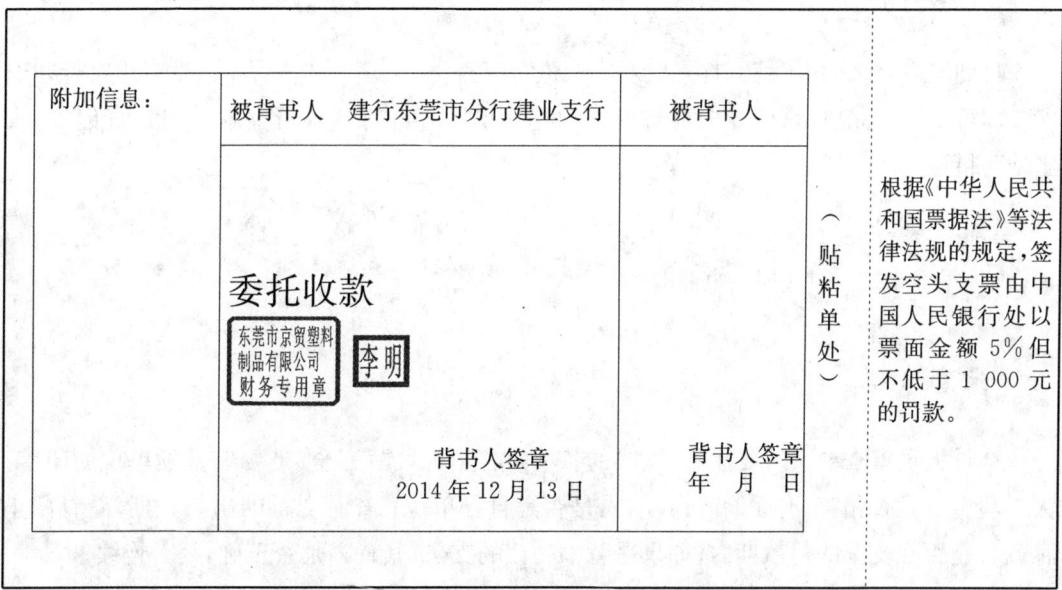

表 2-16

 **中国建设银行**
China Construction Bank

进账单(回 单)    **1**

2014 年 12 月 13 日

| 出票人 | 全 称 | 广州市百利超市 | | 收款人 | 全 称 | 东莞市京贸塑料制品有限公司 | |
|---|---|---|---|---|---|---|---|
| | 账 号 | 1056020077778888999 | | | 账 号 | 1056020040405555678 | |
| | 开户银行 | 建行广州天河支行龙口路支行 | | | 开户银行 | 建行东莞市分行建业支行 | |

| 金额 | 人民币(大写) | 陆万元整 | 亿 千 百 十 万 千 百 十 元 角 分 |
|---|---|---|---|
| | | | ￥ 6 0 0 0 0 0 0 |

| 票据种类 | 支票 | 票据张数 | 壹张 |
|---|---|---|---|
| 票据号码 | | 10002458 | |

中国建设银行股份有限公司
东莞市分行建业支行
2014.12.13
办讫章

| 复核 | 记账 | 开户银行签章 |
|---|---|---|

此联是开户银行交给持票人的回单

 **活动指导**

收到客户交来的支票后,首先应对支票进行审查,然后填写进账单,一并交开户行办理入账即可。转账完成后,凭开户银行返回的进账单回单,借记"银行存款"科目,贷记"应收账款"科目。

借:银行存款                                                60 000
  贷:应收账款——广州市百利超市                                60 000

 **注意事项**

会计人员审查支票时要注意:支票的各项内容是否填写齐全;是否有签发单位的印鉴;大小写金额是否相符、有无涂改;收款人是否是自己单位;查看支票的出票日期,看看截止存款日是否在支票的付款期内;如果是背书转让的支票,其背书是否正确,是否连续。

会计人员填写进账单前,看是否加盖了自己单位预留银行印鉴。

## 活动 2.2.3 预收销货款

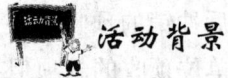 **活动背景**

收取货款情境如图 2-7 所示。

图 2-7 收取货款情境图

 **活动资料**

12 月 14 日,收到东莞市新天地购物中心预付的货款 50 000 元,已收到银行转来的收账通知,如表 2-17 所示。

表 2-17

| 中国建设银行<br>China Construction Bank | | | 进账单(收账通知) | | | | | | | 3 | | | | | |
|---|---|---|---|---|---|---|---|---|---|---|---|---|---|---|---|
| | | | 2014 年 12 月 14 日 | | | | | | | | | | | | |
| 出票人 | 全 称 | 东莞市新天地购物中心 | | 收款人 | 全 称 | 东莞市东贸塑料制品有限公司 | | | | | | | | | |
| | 账 号 | 00301101888899999000 | | | 账 号 | 10560200404055555678 | | | | | | | | | |
| | 开户银行 | 中国工商银行东莞中信支行 | | | 开户银行 | 建行东莞市分行建业支行 | | | | | | | | | |
| 金额 | 人民币<br>(大写) | 伍万元整 | | 亿 | 千 | 百 | 十 | 万 | 千 | 百 | 十 | 元 | 角 | 分 | |
| | | | | | | | ¥ | 5 | 0 | 0 | 0 | 0 | 0 | 0 | |
| 票据种类 | | 票据张数 | | 中国建设银行股份有限公司<br>东莞市分行建业支行<br>2014.12.14<br>办讫章<br>收款人开户银行签章 | | | | | | | | | | | |
| 票据号码 | | | | | | | | | | | | | | | |
| 复核 | | 记账 | | | | | | | | | | | | | |

此联是收款人开户银行交给收款人的收账通知

**活动指导**

企业收到客户预付的账款,应通过"预收账款"账户进行核算。该账户贷方登记发生的预收账款数额和购货单位补付账款的数额,借方登记企业向购货方发货后冲销的预收账款数额和退回购货方多付账款的数额;余额一般在贷方,反映企业向购货单位预收的款项但尚未向购货方发货的数额,如为借方余额,反映企业应收的款项。

预收账款账户核算企业按照合同规定或交易双方之约定,而向购买单位或接受劳务的单位在未发出商品或提供劳务时预收的款项。一般包括预收的货款、预收购货定金等。企业在收到这笔钱时,商品或劳务的销售合同尚未履行,因而不能作为收入入账,只能确认为一项负债,即贷记"预收账款"账户。企业按合同规定提供商品或劳务后,再根据合同的履行情况,逐期将未实现收入转成已实现收入,即借记"预收账款"账户,贷记有关收入账户。

借:银行存款　　　　　　　　　　　　　　　　　　　　　　　　　50 000

贷:预收账款——东莞市新天地购物中心　　　　　　　　　　　　50 000

如果企业不单独设置"预收账款"账户,也可以合并在"应收账款"账户下进行核算。

## 活动 2.2.4　上 交 税 款

**活动背景**

上交税款情境如图 2-8 所示。

图 2-8　上交税款情境图

**活动资料**

12 月 15 日收到银行转来完税凭证,缴纳上月的增值税 50 000 元。相关凭证如表 2-18 和表 2-19 所示。

表 2-18

**东莞市电子缴税系统回单**

扣款日期:2014.12.15
清算日期:2014.12.15

付款人名称:东莞市京贸塑料制品有限公司
付款人账号:1056020040405555678
付款人开户银行:中国建设银行东莞市分行建业支行

收款人名称:东莞市国家税务局东城分局
收款人账号:123654388
收款人开户银行:国家金库东莞支库

中国建设银行股份有限公司
东莞市分行建业支行
★　2014.12.15　★
业务办讫章

款项内容:代扣(国税)税款　　　　电子税票号:711002189
小写金额:¥50 000.00
大写金额:伍万元整
纳税人编码:441911792915001
纳税人名称:东莞市京贸塑料制品有限公司

| 税种 | 所属时期 | 纳税金额 | 备注 |
|---|---|---|---|
| 增值税 | 20141101—20141130 | ¥50 000.00 | 共享税 |

经办:　　复核:　　打印次数:1　　打印日期

表 2-19

**东莞市电子缴税系统回单**

扣款日期:2014.12.15
清算日期:2014.12.15

付款人名称:东莞市京贸塑料制品有限公司
付款人账号:1056020040405555678
付款人开户银行:中国建设银行东莞市分行建业支行

收款人名称:东莞市地方税务局东城分局
收款人账号:253754388
收款人开户银行:国家金库东莞支库

中国建设银行股份有限公司
东莞市分行建业支行
★　2014.12.15　★
业务办讫章

款项内容:代扣(地税)税款　　　　电子税票号:711002155
小写金额:¥5 000.00
大写金额:伍仟元整
纳税人编码:441911792915001
纳税人名称:东莞市京贸塑料制品有限公司

| 税种 | 所属时期 | 纳税金额 | 备注 |
|---|---|---|---|
| 城市维护建设税 | 20141101—20141130 | ¥3 500.00 | 地方税 |
| 教育费附加 | 20141101—20141130 | ¥1 500.00 | 附加费 |

经办:　　复核:　　打印次数:1　　打印日期

 **活动指导**

增值税是对纳税人销售货物或者提供加工、修理修配劳务以及进口货物征收的一种货物劳务税。

按照经营规模大小不同,增值税纳税人分为一般纳税人和小规模纳税人。一般纳税人应纳增值税,根据当期销项税额减去当期进项税额计算确定;小规模纳税人应纳增值税,根据销售额(不含增值税)和规定的征收率计算确定。

为了核算应交增值税的发生、抵扣、缴纳、退税及转出等情况,一般纳税人企业应在"应交税费"科目下设置"应交增值税"明细科目,并在"应交增值税"明细科目下分别设置"进项税额""销项税额""出口退税""进项税额转出""已交税金"等专栏。小规模纳税人只需设置"应交增值税"明细科目,不需要在"应交增值税"明细科目中设置上述专栏。

平时,小企业在"应交税费——应交增值税"多栏式明细账户中核算;月末,结出借、贷方合计数和差额。若"应交税费——应交增值税"为借方差额,表示本月尚未抵扣的进项税额。若为贷方差额,表示本月应交增值税税额。上交增值税时,应借记"应交税费——应交增值税"科目,贷记"银行存款"科目。

城市维护建设税是国家对缴纳增值税、消费税、营业税的单位和个人,就其实际缴纳的增值税、消费税、营业税税额为计税依据征收的一种税。城市维护建设税按纳税人所在地的不同,设置了三档地区差别比例税率,即纳税人所在地为市区的,税率为7%;纳税人所在地为县城、建制镇的,税率为5%;纳税人所在地不在市区、县城或者建制镇的,税率为1%。

教育费附加是国家对缴纳增值税、消费税、营业税的单位和个人征收的一种附加费,其征收率为3%。

小企业按照税法规定应缴纳的城市维护建设税,教育费附加,借记"营业税金及附加"科目,贷记"应交税费——应交城市维护建设税,教育费附加"科目,缴纳的城市维护建设税和教育费附加,借记"应交税费——应交城市维护建设税,教育费附加"科目,贷记"银行存款"科目。

会计根据审核无误的缴税凭证编制会计分录如下:

借:应交税费——应交增值税(已交税金)      50 000
  贷:银行存款      50 000

借:应交税费——应交城市维护建设税      3 500
      ——应交教育费附加      1 500
  贷:银行存款      5 000

## 活动 2.2.5　支付厂房租金

　**活动背景**

支付厂租情境如图 2-9 所示。

今天厂房租金需要交了，你填张支票送到出租方那里吧。

好的，马上送过去。

会计　　　　出纳

图 2-9　支付厂租情境图

**活动资料**

12 月 15 日，开出转账支票一张 26 000 元用于支付本月租金。其中厂房租金 20 000 元，办公大楼租金 6 000 元，如表 2-20 和表 2-21 所示。

表 2-20

**中国建设银行**
**转账支票存根**
10304420
10001116

附加信息
_____
_____

出票日期：*2014* 年 *12* 月 *15* 日

| | |
|---|---|
| 收款人：*东莞市花园商贸有限公司* | |
| 金额：￥*26 000.00* | |
| 用途：*厂房租金* | |

单位主管 *李明*　会计 *李一凡*

**表 2-21**　　　　　　　　　广东省东莞市国家税务局通用机打发票

发票联

发票代码 144011220111

开票日期：2014 - 12 - 15　　　行业分类：商业　　　　　　　发票号码 00464144

顾客名称：东莞市京贸塑料制品有限公司

地址：东莞市莞城区学院路 287 号

| 项目 | 单位 | 数量 | 单价 | 金额 |
|------|------|------|------|------|
| 租金 | 月 | 1 | 26 000.00 | 26 000.00 |

合计金额大写（人民币）：贰万陆仟元整　　　　　合计金额小写（人民币）：905324006478
26 000.00

东莞市花园商贸有限公司
发票专用章

开票人：许多　　　　　　收款人：章洁玲　　　　　　开票单位（盖章）

本发票于二〇一四年十二月底前开具　　　　本发票合计金额超过拾万元无效

第一联　发票联（购货单位付款凭证）（手开无效）

 **活动指导**

　　企业支付的房租应直接根据不同用途分别记入不同科目。其中厂房租金记入"制造费用"科目，管理部门租金记入"管理费用"科目，销售部门租金记入"销售费用"科目。

　　借：制造费用——厂房租金　　　　　　　　　　　　　　　　　　　20 000
　　　　管理费用——租金　　　　　　　　　　　　　　　　　　　　　6 000
　　　　贷：银行存款　　　　　　　　　　　　　　　　　　　　　　　　26 000

## 活动 2.2.6　预付材料采购款

 **活动背景**

　　预付材料款情境如图 2-10 所示。

永恒包装打电话过来，让我们把预付的材料款汇过去，李总批准预付1万元，你汇款过去吧。

好，下午我到银行电汇过去吧。

会计　　　　　出纳

图 2-10　预付材料款情境图

**活动资料**

12月15日,通过银行汇款10 000元用于预付东莞市永恒包装有限公司材料款,如表2-22所示。

表2-22

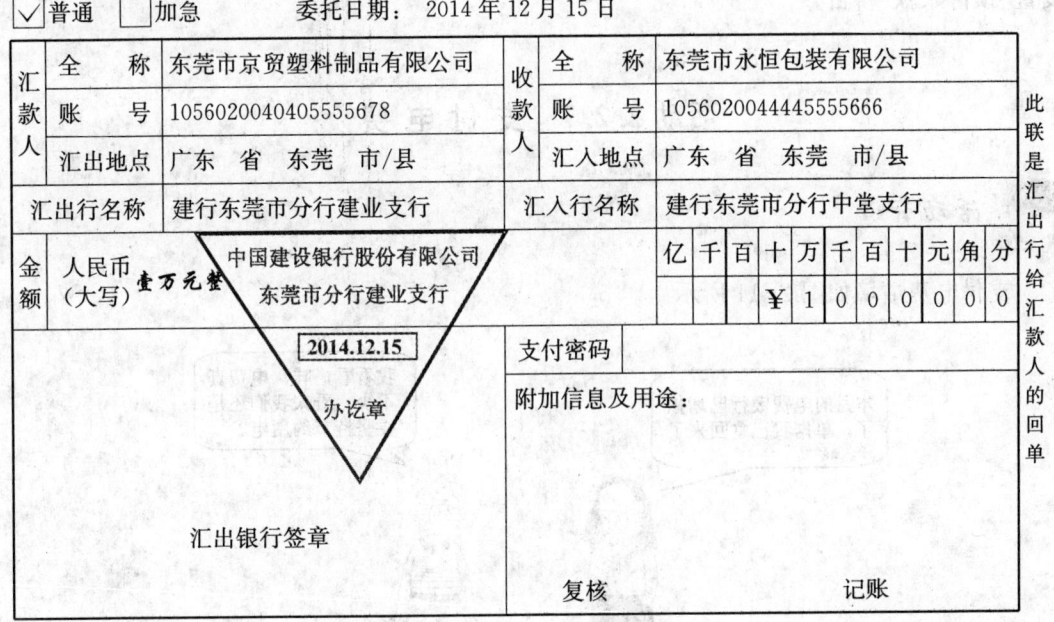

| 中国建设银行<br>China Construction Bank | | 电汇凭证(回单) | | | | | | | | | | | | |
|---|---|---|---|---|---|---|---|---|---|---|---|---|---|---|
| ☑普通　□加急　　委托日期：2014 年 12 月 15 日 | | | | | | | | | | | | | | |
| 汇款人 | 全　称 | 东莞市京贸塑料制品有限公司 | 收款人 | 全　称 | 东莞市永恒包装有限公司 | | | | | | | | | 此联是汇出行给汇款人的回单 |
| | 账　号 | 1056020040405555678 | | 账　号 | 1056020044445555666 | | | | | | | | | |
| | 汇出地点 | 广东 省 东莞 市/县 | | 汇入地点 | 广东 省 东莞 市/县 | | | | | | | | | |
| 汇出行名称 | | 建行东莞市分行建业支行 | 汇入行名称 | | 建行东莞市分行中堂支行 | | | | | | | | | |
| 金额 | 人民币<br>(大写)壹万元整 | 中国建设银行股份有限公司<br>东莞市分行建业支行<br>2014.12.15<br>办讫章 | | | 亿 | 千 | 百 | 十 | 万 | 千 | 百 | 十 | 元 | 角 | 分 |
| | | | | | | | | ¥ | 1 | 0 | 0 | 0 | 0 | 0 | 0 |
| | | | 支付密码 | | | | | | | | | | | |
| | | | 附加信息及用途： | | | | | | | | | | | |
| | | 汇出银行签章 | | | | | | | | | | | | |
| | | | 复核 | | | | 记账 | | | | | | | |

**活动指导**

企业预付给供应商的款项,应通过"预付账款"账户核算。该账户借方登记企业向供货商预付的货款,贷方登记企业收到所购物品应结转的预付货款,余额在借方,表示预付的账款,余额在贷方,表示应付的账款。

预付账款指买卖双方协议商定,由购货方预先支付一部分货款给供应方而发生的一项债权。预付账款一般包括预付的货款、预付的购货定金。企业因购货而预付的款项,借记"预付账款"科目,贷记"银行存款"科目。收到所购物资时,根据发票账单等列明应计入购

入物资成本的金额,借记"物资采购"或"原材料""库存商品"等科目,按专用发票上注明的增值税税额,借记"应交税金——应交增值税(进项税额)"科目,按应付金额,贷记"预付账款"科目。补付的款项,借记"预付账款"科目,贷记"银行存款"科目;退回多付的款项,借记"银行存款"科目,贷记"预付账款"科目。

| | |
|---|---|
| 借:预付账款——东莞市永恒包装有限公司 | 10 000 |
| 贷:银行存款 | 10 000 |

 **注意事项**

预付款项情况不多的企业,也可以将预付的款项直接记入"应付账款"科目的借方,不设置"预付账款"科目。

## 活动 2.2.7 支 付 电 费

 **活动背景**

支付电费情境如图 2-11 所示。

图 2-11 支付电费情境图

 **活动资料**

12 月 16 日,交电费,如表 2-23 和表 2-24 所示。

表 2-23

4400112699

广东增值税专用发票

NO 09433036
开票日期:2014 年 12 月 16 日

| 购货单位 | 名　　　称:东莞市京贸塑料制品有限公司<br>纳税人识别号:441911792915001<br>地 址 、电 话:东莞市莞城区学院路 287 号　22662220<br>开户行及账号:建行东莞市分行建行支行<br>　　　　　　　1056020040405555678 | | | | 密码区 | (略) | | |
| --- | --- | --- | --- | --- | --- | --- | --- | --- |
| 货物及应税劳务名称 | 规格型号 | 单位 | 数量 | 单价 | 金额 | 税率 | 税额 | |
| 电费 | | 千瓦时 | 9 900 | 0.93 | 9 207.00 | 17% | 1 565.19 | |
| 合计 | | | | | ￥9 207.00 | | ￥1 565.19 | |
| 价税合计(大写) | ⊗壹万零柒佰柒拾贰元壹角玖分 | | | | (小写)￥10 772.19 | | | |
| 销货单位 | 名　　　称:东莞市供电局东城分局<br>纳税人识别号:441906734919478<br>地 址 、电 话:东莞市东宝路 22684593<br>开户行及账号:中国农业银行东莞东城支行<br>　　　　　　　3349089744445555697 | | | | 备注 | 东莞市供电局东城分局<br>工业用电<br>441906734919478<br>发票专用章 | | |

收款人:李浩　　　　　复核:韩雪　　　　　开票人:李霞　　　　销货单位:(章)

抵扣联略。

表 2-24

中国建设银行 China Construction Bank　借方通知回单

日期:2014 年 12 月 16 日

| 付款人 | 名　　称 | 东莞市京贸塑料制品有限公司 | 收款人 | 名　　称 | 东莞市供电局东城分局 | |
| --- | --- | --- | --- | --- | --- | --- |
| | 账　　号 | 1056020040405555678 | | 账　　号 | 3349089744445555697 | |
| | 开户银行 | 建行东莞市分行建业支行 | | 开户银行 | 农行东莞东城支行 | |
| 金额 | 人民币<br>(大写) | 壹万零柒佰柒拾贰元壹角玖分 | | ￥10 772.19 | 中国建设银行股份有限公司<br>东莞市分行建业支行<br>2014.12.14 | 客户回单 |
| 用途:代扣电费 | | | | 科目(借):办讫章 | | |
| 记账日期:20141216  DCC 流水号:4404008091030002533 | | | | 科目(贷):(112) | | |
| 会计主管　　　　　复核　　　　　记账 | | | | | | |

**活动指导**

电费需要按照受益原则进行分配,其中管理部门使用部分记入"管理费用"科目,销售部门使用的记入"销售费用"科目,生产产品使用的记入"生产成本"科目,生产车间耗用的记入"制造费用"科目。支付时,在尚未分配之前先借记"应付账款"科目,同时贷记"银行存款"科目。

会计根据审核无误的电费凭证编制会计分录:

借:应付账款——东莞市供电局东城分局                    9 207.00
　　应交税费——应交增值税(进项税额)                    1 565.19
　贷:银行存款                                        10 772.19

## 活动 2.2.8　支付水费

 **活动背景**

支付水费情境如图 2-12 所示。

图 2-12　支付水费情境图

 **活动资料**

12 月 16 日,交水费,如表 2-25 和表 2-26 所示。

表 2-25

中国建设银行
转账支票存根
10304420
10001113

附加信息 _____

_____

出票日期:2014 年 12 月 16 日

| | |
|---|---|
| 收款人:东莞市第三水厂 | |
| 金额:¥4 339.20 | |
| 用途:水费 | |

单位主管:李明   会计 李一凡

表 2-26

广东增值税专用发票

发票联

44001189456

NO 08173012

开票日期:2014 年 12 月 16 日

| 购货单位 | 名　　称:东莞市京贸塑料制品有限公司 | | | | | 密码区 | （略） | 第三联 发票联 购货方记账凭证 |
|---|---|---|---|---|---|---|---|---|
| | 纳税人识别号:441911792915001 | | | | | | | |
| | 地址、电话:东莞市莞城区学院路 287 号  22662220 | | | | | | | |
| | 开户行及账号:建行东莞建业支行 1056020040405555678 | | | | | | | |
| 货物及应税劳务名称 | 规格型号 | 单位 | 数量 | 单价 | 金额 | 税率 | 税额 | |
| 水费 | | 吨 | 1 200 | 3.20 | 3 840.00 | 13% | 499.20 | |
| 合计 | | | | | ¥3 840.00 | | ¥499.20 | |
| 价税合计(大写)  ⊗肆仟叁佰叁拾玖元贰角整 | | | | | | (小写)¥4 339.20 | | |
| 销货单位 | 名　　称:东莞市第三水厂 | | | | | 备注 | 东莞市第三水厂 441906734916 发票专用章 | |
| | 纳税人识别号:441906734916755 | | | | | | | |
| | 地址、电话:东莞市东城中路 22682879 | | | | | | | |
| | 开户行及账号:中国农业银行东莞东城支行 3349089744445555689 | | | | | | | |

收款人:赵一鸣    复核:林云    开票人:钟丽佳    销货单位:(章)

抵扣联略。

**活 动 指 导**

水费按照受益原则进行分配,其中管理部门使用部分记入"管理费用"科目,销售部门使用的记入"销售费用"科目,生产产品使用的记入"生产成本"科目,生产车间耗用的记入"制造费用"科目。支付时,在尚未分配之前先借记"应付账款"科目,同时贷记"银行存款"科目。

借:应付账款——东莞市第三水厂   3 840.00
  应交税费——应交增值税(进项税额)   499.20
 贷:银行存款   4 339.20

## 活动 2.2.9 支 付 工 程 款

**活 动 背 景**

支付工程款情境如图 2-13 所示。

图 2-13 支付工程款情境图

**活 动 资 料**

12 月 18 日,支付仓库建设工程款,如表 2-27 和表 2-28 所示。

表 2-27

中国建设银行
转账支票存根
10304420
10001118

附加信息 _____

_____

出票日期:2014 年 12 月 18 日

收款人:东莞市海清建筑有限公司

金额:100 000.00

用途:工程建设费

单位主管 李明　会计 李一凡

表 2-28

收 据

2014 年 12 月 18 日　　　　　　　　字　NO 0000280

| 今收到 | 东莞市京贸塑料制品有限公司 | | | |
|---|---|---|---|---|
| 交 来 | 仓库工程建设款(收到支票一张) | | | |
| 人民币 | 壹拾万元整 | | ¥100 000.00 | |
| 收款单位<br>公 章<br>第三联 记账凭证 | 东莞市海清<br>建筑有限公<br>司财务专用章 | | 收款人 李晓虹 | 交款人 马金龙 |

 活动指导

出包工程,是指小企业通过招标等方式将工程项目发包给承包企业,由承包企业组织施工的建筑工程和安装工程。在这种方式下,工程的具体支出由承包企业核算。企业应设置"在建工程"账户核算与承包企业工程价款的结算。按照工程进度结算工程价款,借记"在建工程——出包工程"科目,贷记"银行存款"科目。工程完工收到承包单位提供的账单,借记"固定资产"科目,贷记"在建工程——出包工程"科目。

　　借:在建工程——仓库出包工程　　　　　　　　　　　　　　　　　100 000

　　　　贷:银行存款　　　　　　　　　　　　　　　　　　　　　　　　　100 000

 活动背景

## 活动 2.2.10 银行存款清查

银行存款清查情境如图 2-14 所示。

图 2-14 银行存款清查情境图

 活动资料

12 月 31 日,企业取得银行对账单,通过企业银行存款日记账与中国建设银行账户对账单进行核对,日记账余额与对账单余额不符,查找未达账项,并编制银行存款余额调节表。

企业的银行存款日记账如表 2-29 所示。

表 2-29 银行存款日记账

| 日期 | 摘要 | 明细 | 借方发生额 | 贷方发生额 | 期末余额 |
|---|---|---|---|---|---|
| | 期初 | | | | 343 798.56 |
| 12.01 | 收到投资款 | 李明 | 180 000.00 | | 523 798.56 |
| 12.02 | 提取备用金 | | | 2 500.00 | 521 298.56 |
| 12.03 | 支付货款 | | | 200 000.00 | 321 298.56 |
| 12.05 | 取得短期借款 | | 100 000.00 | | 421 298.56 |
| 12.05 | 申请银行本票 | 本票 | | 17 550.00 | 403 748.56 |
| 12.05 | 销售货物 | | 126 360.00 | | 530 108.56 |
| 12.06 | 购买材料 | | | 66 339.00 | 463 769.56 |
| 12.08 | 申请汇票 | | | 60 000.00 | 403 769.56 |

（续表）

| 日期 | 摘要 | 明细 | 借方发生额 | 贷方发生额 | 期末余额 |
|------|------|------|-----------|-----------|----------|
| 12.10 | 购买材料 | | | 32 877.00 | 370 892.56 |
| 12.13 | 收款 | 广州百利 | 60 000.00 | | 430 892.56 |
| 12.14 | 预收货款 | 新天地 | 50 000.00 | | 480 892.56 |
| 12.15 | 交纳增值税 | 增值税 | | 50 000.00 | 430 892.56 |
| 12.15 | 上缴税款 | | | 5 000.00 | 425 892.56 |
| 12.15 | 支付厂租 | | | 26 000.00 | 399 892.56 |
| 12.15 | 预付材料款 | 永恒包装 | | 10 000.00 | 389 892.56 |
| 12.15 | 支付广告费 | | | 30 000.00 | 359 892.56 |
| 12.15 | 发放工资 | | | 80 510.96 | 279 381.6 |
| 12.16 | 支付水费 | | | 4 339.20 | 275 042.4 |
| 12.16 | 支付电费 | | | 10 772.19 | 264 270.21 |
| 12.18 | 收到货款 | | 384 111.00 | | 648 381.21 |
| 12.18 | 付工程款 | | | 100 000.00 | 548 381.21 |
| 12.21 | 付利息 | | | 500.00 | 547 881.21 |
| 12.21 | 利息收入 | | 85.00 | | 547 966.21 |
| 12.25 | 偿还借款 | | | 50 000.00 | 497 966.21 |
| 12.25 | 补付材料款 | 永恒包装 | | 7 550.00 | 490 416.21 |
| 12.26 | 购买固定资产 | | | 35 100.00 | 455 316.21 |
| 12.28 | 支付招待费 | | | 2 500.00 | 452 816.21 |
| 12.28 | 支付办公费 | | | 1 200.00 | 451 616.21 |
| 12.28 | 汇款手续费 | | | 50.00 | 451 566.21 |
| 12.29 | 汇票余款退回 | | 3 840.00 | | 455 406.21 |
| 12.31 | 支付社保 | 社保 | | 37 128.00 | 418 278.21 |
| 12.39 | 支付住房公积 | 住房 | | 14 144.00 | 404 134.21 |
| | 本月合计 | 住房 | 904 396.00 | 844 060.35 | 404 134.21 |

中国建设银行账户对账单如表 2-30 所示。

表 2-30　　　　　　　中国建设银行东莞市分行建业支行对账单

账号:1056020040405555678　　　户名:东莞市京贸塑料制品有限公司
币种:人民币　　　　　　　开始日期:2014 年 12 月 1 日　　截止日期:2014 年 12 月 31 日

| 日期 | 交易摘要 | 借方发生额 | 贷方发生额 | 余额 |
|---|---|---|---|---|
| | 期初 | | | 343 798.56 |
| 12.01 | 收到投资款 | | 180 000.00 | 523 798.56 |
| 12.02 | 提取备用金 | 2 500.00 | | 521 298.56 |
| 12.03 | 支付货款 | 200 000.00 | | 321 298.56 |
| 12.05 | 取得短期借款 | | 100 000.00 | 421 298.56 |
| 12.05 | 申请银行本票 | 17 550.00 | | 403 748.56 |
| 12.05 | 销售货物 | | 126 360.00 | 530 108.56 |
| 12.06 | 购买材料 | 66 339.00 | | 463 769.56 |
| 12.08 | 申请汇票 | 60 000.00 | | 403 769.56 |
| 12.10 | 购买材料 | 32 877.00 | | 370 892.56 |
| 12.13 | 收款 | | 60 000.00 | 430 892.56 |
| 12.14 | 预收货款 | | 50 000.00 | 480 892.56 |
| 12.15 | 缴纳增值税 | 50 000.00 | | 430 892.56 |
| 12.15 | 上缴税款 | 5 000.00 | | 425 892.56 |
| 12.15 | 支付厂租 | 26 000.00 | | 399 892.56 |
| 12.15 | 预付材料款 | 10 000.00 | | 389 892.56 |
| 12.15 | 支付广告费 | 30 000.00 | | 359 892.56 |
| 12.15 | 发放工资 | 80 510.96 | | 279 381.60 |
| 12.16 | 支付水费 | 4 339.20 | | 275 042.40 |
| 12.16 | 支付电费 | 10 772.19 | | 264 270.21 |
| 12.18 | 收到货款 | | 384 111.00 | 648 381.21 |
| 12.18 | 付工程款 | 100 000.00 | | 548 381.21 |
| 12.21 | 付利息 | 500.00 | | 547 881.21 |
| 12.21 | 利息收入 | | 85.00 | 547 966.21 |
| 12.25 | 还借款 | 50 000.00 | | 497 966.21 |
| 12.25 | 补付材料款 | 7 550.00 | | 490 416.21 |
| 12.26 | 购固定资产 | 35 100.00 | | 455 316.21 |
| 12.28 | 支付招待费 | 2 500.00 | | 452 816.21 |
| 12.28 | 支付办公费 | 1 200.00 | | 451 616.21 |
| 12.28 | 汇款手续费 | 50.00 | | 451 566.21 |

（续表）

| 日期 | 交易摘要 | 借方发生额 | 贷方发生额 | 余额 |
|---|---|---|---|---|
| 12.29 | 汇票余款退回 | | 3 840.00 | 455 406.21 |
| 12.31 | 支付社保 | 37 128.00 | | 418 278.21 |
| 12.31 | 收到货款 | | 30 000.00 | 448 278.21 |
| 12.31 | 代扣电话费 | 830.00 | | 447 448.21 |
| 12.31 | 支付住房公积金 | 14 144.00 | | 433 304.21 |
| | 本月合计 | 844 890.35 | 934 396.00 | 433 304.21 |

 活动指导

在进行银行存款日记账与银行对账单相互核对时,银行存款日记账余额与银行对账单余额如有不符,除记账错误外,未达账项的影响是主要原因。所谓未达账项,是指银行与企业之间,由于凭证传递上的时间差,一方已登记入账,而另一方尚未入账的收支项目。银行存款的未达账项具体有以下四种情况:

(1) 银行已入账但企业未入账的收入(即银行已收企业未收)。

(2) 银行已入账但企业未入账的支出(即银行已付企业未付)。

(3) 企业已入账但银行未入账的收入(即企业已收银行未收)。

(4) 企业已入账但银行未入账的支出(即企业已付银行未付)。

对于未达账项,应编制"银行存款余额调节表"进行调节。调节后,若无记账差错,双方调整后的银行存款余额应该相等;调节后,双方余额如果仍不相符,说明记账有差错,需进一步查对,更正错误记录。

根据日记账与对账单核对的结果编制银行行存款余额调节表,如表 2-31 所示。

表 2-31　　　　　　　　　　**银行存款余额调节表**

2014 年 12 月 31 日

编制单位:东莞市京贸塑料制品有限公司　　　　　　　　　　　　　　　　单位:元

| 项　目 | 金　额 | 项　目 | 金　额 |
|---|---|---|---|
| 企业银行存款日记账余额 | 404 134.21 | 银行对账单余额 | 433 304.21 |
| 加:银行已收企业未收的　款项合计 | 30 000.00 | 加:企业已收银行未收的　款项合计 | |
| 减:银行已付企业未付的　款项合计 | 830.00 | 减:企业已付银行未付的　款项合计 | |
| 调节后余额 | 433 304.21 | 调节后余额 | 433 304.21 |

审核:李明　　　　　　　　　　　　　　　　　　　　　　制表:李一凡

## 注意事项

银行存款余额调节表不是调整账户记录的原始凭证,不必进行账务处理,待收到有关单据后再进行账务处理工作。

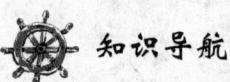

## 任务 2.3　　其他货币资金业务处理

### 知识导航

小企业应设置"其他货币资金"账户,核算小企业的银行汇票存款、银行本票存款、信用卡存款、信用证保证金存款、外埠存款、备用金等其他货币资金。"其他货币资金"账户借方登记其他货币资金的增加数,贷方登记其他货币资金的减少数,期末借方余额反映其他货币资金的结余数额。该账户应按照银行汇票或本票、信用卡发放银行、信用证的收款单位,外埠存款的开户银行,分别"银行汇票""银行本票""信用卡""信用证保证金""外埠存款"等进行明细账户核算。

小企业增加其他货币资金,借记"其他货币资金"账户,贷记"银行存款"账户。该账户期末借方余额,反映小企业持有的其他货币资金。

### 活动 2.3.1　　采用银行本票方式采购材料

### 活动背景

银行本票办理情境如图 2-15 所示。

图 2-15　银行本票办理情境图

活动资料一

12 月 5 日，公司申请办理银行本票 17 550 元，向银行提交"银行本票申请书"并交清款项，取得本票，如表 2-32 所示。

表 2-32

### 银行本票申请书(存根)

申请日期　2014 年 12 月 05 日　　　**1**

| 申请人 | 东莞市京贸塑料制品有限公司 | 收款人 | 广州石油化工有限公司 | | | | | | | | | | |
|---|---|---|---|---|---|---|---|---|---|---|---|---|---|
| 账号或地址 | 1056020040405555678 | 账号或地址 | 33490897111112222333 | | | | | | | | | | |
| 用途 | 购买材料 | 代理付款行 | 建行东莞市分行建业支行 | | | | | | | | | | |
| 本票金额 人民币(大写) | 壹万柒仟伍佰伍拾元整 | | | 千 | 百 | 十 | 万 | 千 | 百 | 十 | 元 | 角 | 分 |
| | | | | | | ¥ | 1 | 7 | 5 | 5 | 0 | 0 | 0 |
| 申请人签章：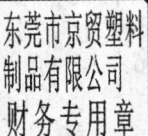 | | 科目(借)　　对方科目(贷)　　　出纳　　复核　　经办 | | | | | | | | | | | |

此票申请人留存

活动指导一

银行本票的办理流程是：付款单位需要使用银行本票办理结算时，应向银行填写一式三联的《银行本票申请书》，详细写明收款单位名称等各项内容。签发银行受理《银行本票申请书》审查无误后，办理收款手续。银行办妥票款收取手续后，即签发银行本票。

银行本票包括定额银行本票和不定额银行本票两种。定额银行本票包括 500 元、1 000 元、5 000 元和 10 000 元四种面额。不定额银行本票用压数机在"人民币大写"栏大写金额后端压印本票金额，然后将本票第一联连同《银行本票申请书》存根联一并交给申请人。

银行本票的账务处理流程是：付款单位收到银行本票和银行退回的《银行本票申请书》存根联后，财务部门根据《银行本票申请书》存根联编制银行存款付款凭证，借记"其他货币资金——银行本票存款"科目，贷记"银行存款"科目。银行本票使用时，借记相关科目，贷记"其他货币资金——银行本票"科目。银行本票使用后如有余额，银行自动退回。

借：其他货币资金——银行本票存款　　　　　　　　　　　　　　　17 550
　　贷：银行存款　　　　　　　　　　　　　　　　　　　　　　　　　17 550

 活 动 资 料 二

12月10日,采购部使用本票采购了聚乙烯和聚丙烯,材料已收,相关单据如表2-33和表2-34所示。

表2-33

## 广东增值税专用发票

4400112699

发票联

NO 09438095

开票日期:2014 年 12 月 10 日

| 购货单位 | 名　　　称:东莞市京贸塑料制品有限公司<br>纳税人识别号:441911792915001<br>地 址、电话:东莞市莞城区学院路 287 号　22662220<br>开户行及账号:建设行东莞市分行建业支行<br>　　　　　　1056020040405555678 | | | | 密码区 | （略） | | 第三联 |
|---|---|---|---|---|---|---|---|---|
| 货物及应税劳务、服务名称 | 规格型号 | 单位 | 数量 | 单价 | 金额 | 税率 | 税额 | 发票联 |
| 聚乙烯 | | 千克 | 500 | 20.00 | 10 000.00 | 17% | 1 700.00 | 购货方记账凭证 |
| 聚丙烯 | | 千克 | 500 | 10.00 | 5 000.00 | 17% | 580.00 | |
| 合计 | | | | | ￥15 000.00 | | ￥2 550.00 | |
| 价税合计（大写） | ⊗壹万柒仟伍佰伍拾元整 | | | | | | （小写)￥17 550 | |
| 销货单位 | 名　　　称:广州石油化工有限公司<br>纳税人识别号:440101179291601<br>地 址、电话:广州市大金钟路 239 号　87031065<br>开户行及账号:中国农业银行广州龙洞支行<br>　　　　　　3349089711112222333 | | | | 备注 | 广州石油化工有限公司<br>440101179291601<br>发票专用章 | | |

收款人:吴伟　　　　复核:李玲　　　　开票人:黄彬　　　　销货单位:（章)

表2-34

## 收　料　单

NO. 20010210

2014 年 12 月 10 日

| 材料名称 | 送验数量 | 实收数量 | 单位 | 单价 | 买价 | 运杂费 | 成本总额 | | | | | | | | 单位成本 | 第二联 |
|---|---|---|---|---|---|---|---|---|---|---|---|---|---|---|---|---|
| | | | | | | | 十 | 万 | 千 | 百 | 十 | 元 | 角 | 分 | | 记账联 |
| 聚乙烯 | 500 | 500 | 千克 | 20.00 | 1 000 | | | 1 | 0 | 0 | 0 | 0 | 0 | 0 | 20.00 | |
| 聚丙烯 | 500 | 500 | 千克 | 10.00 | 5 000 | | | | 5 | 0 | 0 | 0 | 0 | 0 | 10.00 | |
| | | | | | | | | | | | | | | | | |
| | | | | | | | | | | | | | | | | |
| 备注 | | | | 合计 | ￥15 000.00 | | | | | | | | | | | |

来料单位:广州石油化工有限公司　　　发票号:09438095　　2014 年 12 月 10 日收到

验收人:王明　　保管:齐铭　　记账:李一凡　　制单:齐铭

**活动指导**

公司使用本票购买材料,应根据增值税专用发票等凭证借记"原材料""在途物资""应交税费——应交增值税(进项税额)"等科目,贷记"其他货币资金——银行本票存款"科目。

借:原材料——聚乙烯　　　　　　　　　　　　　　　　　　10 000
　　原材料——聚丙烯　　　　　　　　　　　　　　　　　　5 000
　　应交税费——应交增值税(进项税额)　　　　　　　　　　2 550
　　贷:其他货币资金——银行本票存款　　　　　　　　　　　17 550

## 活动 2.3.2　采用银行汇票方式采购材料

 **活动背景**

银行汇票办理情境如图 2-16 所示。

图 2-16　银行汇票办理情境图

 **活动资料一**

2014 年 12 月 8 日为办理银行汇票结算,委托银行为其开具金额为 60 000 元的银行汇票一份,如表 2-35 所示。

表 2-35

## 银行汇票申请书(存根)

申请日期　2014 年 12 月 08 日　　**1**

| 申请人 | 东莞市京贸塑料制品有限公司 | 收款人 | 广州石油化工有限公司 |
|---|---|---|---|
| 账号或地址 | 1056020040405555678 | 账号或地址 | 33490897111112222333 |
| 用途 | 购买材料 | 代理付款行 | 建行东莞市分行建业支行 |

| 汇票金额 | 人民币<br>(大写) | 陆万元整 | 千 | 百 | 十 | 万 | 千 | 百 | 十 | 元 | 角 | 分 |
|---|---|---|---|---|---|---|---|---|---|---|---|---|
| | | | | | ¥ | 6 | 0 | 0 | 0 | 0 | 0 | 0 |

| 申请人签章: | 科目(借)<br>对方科目(贷) |
|---|---|
| 东莞市京贸塑料制品有限公司财务专用章　李明 | 　<br>出纳　　复核　　经办 |

此票申请人留存

 活动指导一

银行汇票的办理流程是:付款单位需要使用银行汇票办理结算时,应向银行填写一式三联的《银行汇票申请书》,详细写明收款单位名称等各项内容。银行受理银行汇票申请书,收妥款项后签发银行汇票,并用压数机压印出票金额,然后将银行汇票和解讫通知一并交给汇款人。

银行汇票的账务处理流程是:付款单位收到银行汇票、解讫通知和银行退回的《银行汇票申请书》存根联后,财务部门根据《银行汇票申请书》存根联编制银行存款付款凭证,借记"其他货币资金——银行汇票存款"科目,贷记"银行存款"科目。

借:其他货币资金——银行汇票存款　　　　　　　　　　　　　　　60 000
　贷:银行存款　　　　　　　　　　　　　　　　　　　　　　　　　　60 000

 活动资料二

12 月 28 日,采购员王明持银行汇票采购聚丙烯一批。采购的材料已到,并验收入库,如表 3-36 和表 2-37 所示。

表 2-36

**4400112699**

## 广东增值税专用发票

发票联

NO 09438098

开票日期:2014 年 12 月 28 日

| 购货单位 | 名　　称:东莞市京贸塑料制品有限公司<br>纳税人识别号:441911792915001<br>地址、电话:东莞市莞城区学院路 287 号　22662220<br>开户行及账号:建设行东莞市分行建业支行<br>　　　　　　　1056020040405555678 | 密码区 | (略) |

| 货物及应税劳务、服务名称 | 规格型号 | 单位 | 数量 | 单价 | 金额 | 税率 | 税额 |
|---|---|---|---|---|---|---|---|
| 聚丙烯 | | 千克 | 4 000 | 12.00 | 48 000.00 | 17% | 8 160.00 |
| 合　计 | | | | | ￥48 000.00 | | ￥8 160.00 |

| 价税合计(大写) | ⊗伍万陆仟壹佰陆拾元整 | (小写)￥56 160.00 |

| 销货单位 | 名　　称:广州石油化工有限公司<br>纳税人识别号:440101179291601<br>地址、电话:广州市大金钟路 239 号　87031065<br>开户行及账号:中国农业银行广州龙洞支行<br>　　　　　　　33490897111122222333 | 备注 | 广州石油化工有限公司<br>440101179291601<br>发票专用章 |

收款人:吴伟　　　复核:李玲　　　开票人:黄彬　　　销货单位:(章)

第三联　发票联　购货方记账凭证

表 2-37

## 收　料　单

NO. 20010206

2014 年 12 月 28 日

| 来料单位: 广州石油化工有限公司 | | | | 发票号:09438098 | | | | 2014 年 12 月 28 日收到 | | | | | | |

| 材料名称 | 送验数量 | 实收数量 | 单位 | 单价 | 买价 | 运杂费 | \multicolumn{8}{c}{成本总额} | 单位成本 |
|---|---|---|---|---|---|---|---|---|---|---|---|---|---|---|---|
| | | | | | | | 十万 | 万 | 千 | 百 | 十 | 元 | 角 | 分 | |
| 聚丙烯 | 4 000 | 4 000 | 千克 | 12.00 | 48 000 | | | 4 | 8 | 0 | 0 | 0 | 0 | 0 | 12.00 |
| | | | | | | | | | | | | | | | |
| | | | | | | | | | | | | | | | |
| 备注 | | | | 合计　￥48 000.00 | | | | | | | | | | | |

验收人:王明　　　保管:齐铭　　　记账:李一凡　　　制单:齐铭

第二联　记账联

 **活动指导二**

申请人取得银行汇票后即可持银行汇票向填明的收款单位办理结算。在购买材料时借记"原材料""应交税费——应交增值税(进项税额)"科目,贷记"其他货币资金——银行汇票存款"科目。

| | |
|---|---|
| 借:原材料——聚丙烯 | 48 000 |
| 　应交税费——应交增值税(进项税额) | 8 160 |
| 　贷:其他货币资金——银行汇票存款 | 56 160 |

 活动资料三

12月29日,余款3 840元已退回企业存款户,如表2-38和表2-39所示。

表2-38

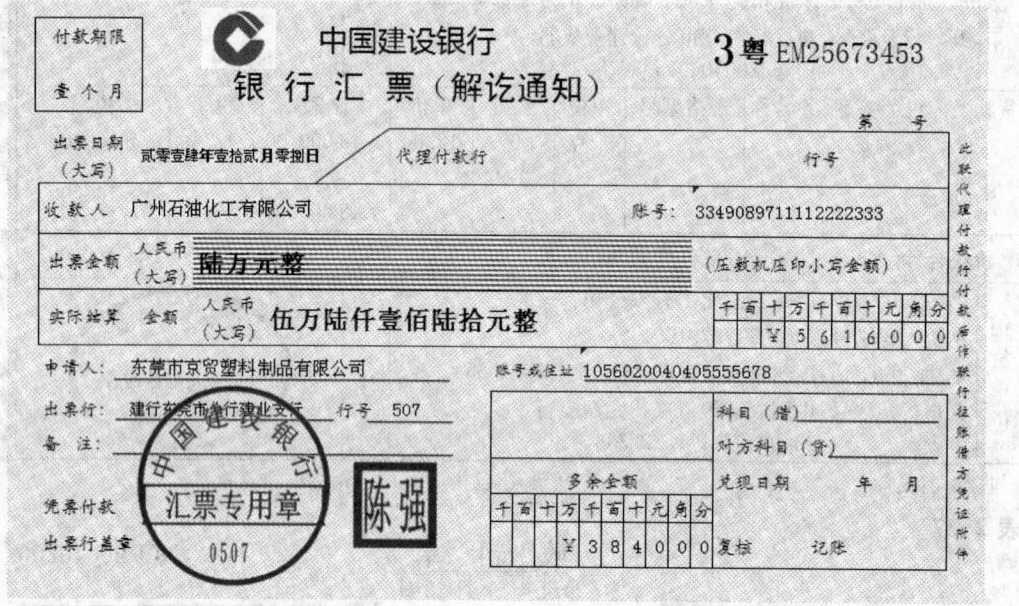

表2-39

| 出票人 | 全 称 | 广州石油化工有限公司 | 收款人 | 全 称 | 东莞市京贸塑料制品有限公司 |
|---|---|---|---|---|---|
| | 账 号 | 3349089711112222333 | | 账 号 | 1056020040405555678 |
| | 开户银行 | 中国农业银行广州龙洞支行 | | 开户银行 | 建行东莞分行建业支行 |

中国建设银行
China Construction Bank
进账单(收账通知)  3
2014 年 12 月 29 日

| 金额 | 人民币(大写) 叁仟捌佰肆拾元整 | 亿 | 千 | 百 | 十 | 万 | 千 | 百 | 十 | 元 | 角 | 分 |
|---|---|---|---|---|---|---|---|---|---|---|---|---|
| | | | | | | | ¥ | 3 | 8 | 4 | 0 | 0 | 0 |

| 票据种类 | 汇票 | 票据张数 | 壹张 |
|---|---|---|---|
| 票据号码 | | 40001784 | |

中国建设银行股份有限公司
东莞分行建业支行
2014.12.29
办讫章

复核　　　　记账
收款人开户银行签章

此联是收款人开户银行交给收款人的收账通知

活动指导三

　　收款的企业在收到付款单位送来的银行汇票时,应在出票金额以内,根据实际需要的款项办理结算,并将实际结算金额和多余金额准确、清晰地填入银行汇票和解讫通知的有关栏内,银行汇票的实际结算金额低于出票金额的,其多余金额由出票银行退交申请人。收款的企业还应填写进账单并在汇票背面"持票人向银行提示付款签章"处签章,签章应与预留银行的印鉴相同,然后,将银行汇票和解讫通知、进账单一并交开户银行办理结算,银行审核无误后,办理转账。

　　付款企业收到银行退回的款项时,应根据银行收账通知,借记"银行存款"科目,贷记"其他货币资金——银行汇票存款"科目。

借:银行存款　　　　　　　　　　　　　　　　　　　　　　　　　　　　　3 840
　　贷:其他货币资金——银行汇票存款　　　　　　　　　　　　　　　　　　3 840

一、单项选择题

1. 小企业日常经营活动的资金收付及其工资、奖金和现金的支取,应通过(　　)办理。

A. 基本存款账户　　　　　　　　　　B. 一般存款账户

C. 临时存款账户　　　　　　　　　　D. 专项存款账户

2. 下列结算方式中,适用于同城结算的是(　　)。

A. 银行本票　　　　　　　　　　　　B. 托收承付

C. 汇兑　　　　　　　　　　　　　　D. 银行汇票

3. 商业汇票的付款期限最长不得超过(　　)。

A. 3个月　　　　　　　　　　　　　B. 6个月

C. 9个月　　　　　　　　　　　　　D. 1年

4. 下列支付结算方式中,需订有购销合同才能使用的结算方式是(　　)。

A. 商业汇票　　　　　　　　　　　　B. 银行本票

C. 托收承付　　　　　　　　　　　　D. 支票

5. 小企业财产清查中发现的库存现金短缺,如果查明应由相关责任人赔偿的,经批准后应记入(　　)科目。

A. "其他应收款"　　　　　　　　　　B. "资本公积"

C. "管理费用"　　　　　　　　　　　D. "营业外支出"

6. 对于银行已经收款而企业尚未入账的未达账项,小企业应作的处理为(　　)。

A. 以"银行对账单"为原始记录将该业务入账

B. 根据"银行存款余额调节表"和"银行对账单"自制原始凭证入账

C. 在编制"银行存款余额调节表"的同时入账

D. 待有关结算凭证到达后入账

7. 出纳人员不得办理的业务是（　　）。

A. 现金收付　　　　　　　　　　B. 登记银行存款日记账

C. 登记总账　　　　　　　　　　D. 有价证券的登记

8. 小企业将款项汇往外地开立采购专用账户时，应借记的会计科目是（　　）。

A. "材料采购"　　　　　　　　　B. "在途物资"

C. "预付账款"　　　　　　　　　D. "其他货币资金"

9. 根据《中华人民共和国现金管理暂行条例》规定，下列经济业务中，不应用库存现金支付的是（　　）。

A. 支付职工奖金 8 000 元

B. 支付购买零星办公用品购置费 950 元

C. 向一般纳税企业支付材料采购货款 3 000 元

D. 支付职工差旅费 2 500 元

10. 下列各项中，不属于货币资金的是（　　）。

A. 银行存款　　　　　　　　　　B. 外埠存款

C. 银行本票存款　　　　　　　　D. 银行承兑汇票

**二、多项选择题**

1. 小企业发生的下列支出中，按规定可用现金支付的有（　　）。

A. 支付职工王某的差旅费 3 000 元

B. 支付职工汤某困难补助 2 000 元

C. 支付购置设备款 6 000 元

D. 支付材料采购货款 10 000 元

2. 按照结算办法规定可以背书转让的票据有（　　）。

A. 银行汇票　　　　　　　　　　B. 银行本票

C. 现金支票　　　　　　　　　　D. 商业承兑汇票

3. 小企业下列存款中，应通过"其他货币资金"账户核算的有（　　）。

A. 银行本票存款　　　　　　　　B. 信用证保证金

C. 信用卡存款　　　　　　　　　D. 存出保证金

4. 小企业可以在银行开立的银行存款账户有（　　）。

A. 基本存款账户　　　　　　　　B. 一般存款账户

C. 临时存款账户　　　　　　　　D. 专项存款账户

5. 在下列各未达账项中，使得小企业银行存款日记账余额小于银行对账单余额的有(　　)。

A. 企业开出支票,对方未到银行兑现

B. 银行误将其他公司的存款计入本企业银行存款账户

C. 银行代扣水电费,企业尚未接到通知

D. 委托收款结算方式下,银行收到结算款项,企业尚未收到通知

### 三、判断题

1. 我国会计上所说的现金仅指企业库存的人民币现金,不包括外币现金。(　　)

2. 不管在任何情况下,小企业一律不准坐支现金。(　　)

3. 小企业可以根据经营需要,在一家或几家银行开立基本存款账户。(　　)

4. 一般情况下,收款单位收到付款单位交来的银行汇票可以不送交银行办理转账结算,而直接背书转让给另一单位用来购买材料。(　　)

5. 银行存款日记账与银行对账单应至少每月核对一次,银行存款日记账与银行对账单余额如有差额,应按月编制"银行存款余额调节表",同时企业应按未达账项入账。(　　)

6. 小企业有待查明原因的现金短缺,应计入营业外支出。(　　)

### 四、实务题

1. A企业发生如下经济业务:

(1) 开出现金支票一张,向银行提取现金1 000元。

(2) 职工张三出差,借支差旅费1 500元,以库存现金支付。

(3) 收到B公司交来的转账支票50 000元,用以归还上月所欠货款,已存银行。

(4) 向C公司采购甲材料,收到的增值税专用发票上注明价款10 000元,增值税税额1 700元,企业采用汇兑结算方式付款。甲材料已验收入库。

(5) 企业开出转账支票归还前欠D公司货款20 000元。

(6) 职工张三出差回来报销差旅费,原借1 500元,实报销1 650元,差额150元用库存现金补付。

(7) 将现金1 800元送存银行。

(8) 企业在库存现金清查中,发现库存现金短缺200元,由出纳员陈红赔偿,从下月工资中扣除。

要求:根据以上经济业务编制会计分录。

2. E企业发生如下经济业务:

(1) 委托银行开出银行汇票50 000元,有关手续已办妥,采购员李四持汇票到湛江采购材料。

(2) 李四在湛江采购结束,取得的增值税专用发票上注明的甲材料价款为45 000元,增值税税额7 650元,款项共52 650元。企业已用银行汇票支付50 000元,差额2 650元

采用汇兑结算方式补付,材料已验收入库。

(3)企业委托银行开出银行本票 20 000 元,有关手续已办妥。

要求:根据以上经济业务,编制会计分录。

# 单元 3　材料存货业务处理

◆ 熟悉材料收、发、存的业务处理程序

◆ 会审核材料收、发、存业务相关单据

◆ 能进行材料存货的成本核算

◆ 能进行材料存货业务的账务处理

◆ 能对材料进行清查

◆ 能对材料清查业务进行账务处理

存货核算情境如图 3-1 所示。

公司的材料多，你们部门需要对材料做好会计数据的监管，核进行算好成本，及时对材料进行清查。

是的，材料的核算很重要，我们部门高度重视，加强监管，核算好材料成本，定期或不定期的组织人员对材料进行清查。

总经理　　财务主管

图 3-1　存货核算情境图

　　存货是指小企业在日常生产经营过程中持有以备出售的产成品或商品、处在生产过程中的在产品、在生产过程或提供劳务过程中耗用的材料和物料等，以及农业小企业（农、林、牧、渔业）为出售而持有的、或在将来收获为农产品的消耗性生物资产。

　　小企业的存货包括：原材料、在产品、半成品、产成品、商品、周转材料、委托加工物资、消耗性生物资产等。

本单元主要介绍材料存货的业务处理。

 ## 任务 3.1　材料采购业务处理

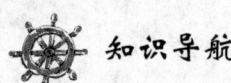 ### 知识导航

小企业取得的存货,应当按照成本计量。由于存货取得的方式是多种多样的,而在不同的取得方式下,存货成本的具体构成内容并不完全相同,因此存货的实际成本应结合存货的具体取得方式分别确定。

1. 存货的成本构成

小企业外购存货的成本包括:购买价款、相关税费、运输费、装卸费、保险费以及在外购存货过程发生的其他直接费用,但不含按照税法规定可以抵扣的增值税进项税额。

通过进一步加工取得存货的成本包括:直接材料、直接人工以及按照一定方法分配的制造费用。

投资者投入存货的成本,应当按照评估价值确定。

提供劳务的成本包括:与劳务提供直接相关的人工费、材料费和应分摊的间接费用。

盘盈存货的成本,应当按照同类或类似存货的市场价格或评估价值确定。

2. 存货清查处理

存货发生毁损,处置收入、可收回的责任人赔偿和保险赔款,扣除其成本、相关税费后的净额,应当计入营业外支出或营业外收入。盘盈存货实现的收益应当计入营业外收入。盘亏存货发生的损失应当计入营业外支出。

3. 账户设置

为了核算企业库存原材料的实际成本,应设置"原材料"账户。该账户属于资产类账户,借方登记入库原材料的实际成本,贷方登记出库原材料的实际成本;期末借方余额反映企业库存原材料的实际成本。该账户应按原材料的保管地点(仓库)、材料的类别、品种和规格设置材料明细账户进行核算。

为了核算企业购入尚未到达或尚未验收入库的各种物资的实际成本,应设置"在途物资"账户。该账户属于资产类账户,借方登记已付款或已开出、承兑商业汇票的物资的实际成本;贷方登记已验收入库物资的实际成本;期末借方余额反映企业已付款或已开出、承兑商业汇票但尚未到达或尚未验收入库的在途物资的实际成本。该账户应按供应单位设置明细账户进行明细核算。

## 活动 3.1.1 支付采购材料款项，同时收到材料

 活动背景

采购材料情境如图 3-2 所示。

图 3-2 采购材料情境图

 活动资料

2014 年 12 月 6 日，公司从广州石油化工有限公司购入两种材料。出纳开出支票支付货款。另用库存现金支付运费，运费按重量分配；材料已验收入库。相关单据如表 3-1 至表 3-5 所示。

**表 3-1**

4400112140

### 广东省增值税专用发票

发票联

国家税务总局制

No 45720432

开票日期:2014 年 12 月 06 日

| 购买方 | 名 称:东莞市京贸塑料制品有限公司<br>纳税人识别号:441911792915001<br>地址、电话:东莞市莞城区学院路 287 号<br>22662220<br>开户行及账号:中国建设银行东莞市分行建业<br>支行 1056020040405555678 | 密码区 | （略） | | |
|---|---|---|---|---|---|
| 货物或应税劳务、服务名称 | 规格型号 | 单位 | 数量 | 单价 | 金额 | 税率 | 税额 |

| 货物或应税劳务、服务名称 | 规格型号 | 单位 | 数量 | 单价 | 金额 | 税率 | 税额 |
|---|---|---|---|---|---|---|---|
| 聚丙烯 | | 千克 | 1 500 | 12.00 | 18 000.00 | 17% | 3 060.00 |
| 聚乙烯 | | 千克 | 1 800 | 21.50 | 38 700.00 | 17% | 6 579.00 |
| 合 计 | | | | | ￥56 700.00 | | ￥9 639.00 |
| 价税合计(大写) | ⊗陆万陆仟叁佰叁拾玖元整 | | | | (小写)￥66 339.00 | | |

| 销售方 | 名 称:广州石油化工有限公司<br>纳税人识别号:440101179291601<br>地址、电话:广州市大金钟路 239 号<br>02026262323<br>开户行及账号:中国农业银行广州龙洞支<br>行 33490897111112222333 | 备注 | 广州石油化工有限公司<br>440101179291601<br>发票专用章 | |
|---|---|---|---|---|

| 收款人:李军 | 复核:黄山 | 开票人:王宛芳 | 销售方:(章) |
|---|---|---|---|

第三联 发票联 购买方记账凭证

抵扣联略。

表 3-2

中国建设银行
支票存根
10304420
10001119

附加信息
_____
_____

出票日期　2014 年 12 月 06 日

| 收款人：广州石油化工有限公司 |
| 金　额：￥66 339.00 |
| 用　途：货款 |

单位主管　李明　　会计　李一凡

表 3-3

4400132140

货物运输业增值税专用发票

No 44321046

开票日期：2014 年 12 月 06 日

| 承运人及纳税人识别号 | 广州华丰物流有限公司 4419911792323878 2 | | 密码区 | 43601476/>+<33345<−<　加密版本：03 *+−−417−</521<−21−12　3541631276 *−3−78>335693341<7+0　12185921 3/91/479>>−>22>><1　2181312 | | |
|---|---|---|---|---|---|---|
| 实际受票方及纳税人识别号 | 东莞市京贸塑料制品有限公司 4419911792915001 | | | | | |
| 收货人及纳税人识别号 | 东莞市京贸塑料制品有限公司 4419911792915001 | | 发货人及纳税人识别号 | 广州石油化工有限公司 4401011792916 01 | | |
| 起始地、经由、到达地 | 广州,东莞 | | 运输货物信息 | 化工材料 现金付讫 | | |
| 费用项目及金额 | 费用项目　　金额 配送费用　　900 | | | | | |
| 合计金额 | ￥900.00 | 税率 11% 税额 | ￥99.00 | 机械编码 | 92900186378 | |
| 价税合计(大写) | ⊗玖佰玖拾玖元整 | | | (小写)￥999.00 | | |
| 车种车号 | | 车船吨位 | | 备注 | 4419911792323878 2 发票专用章 | |
| 主营税务机关及代码 | | | | | | |

收款人:方红梅　　复核人:张新　　开票人:张红　　承运人:(章)

第三联　发票联　受票方记账凭证

表 3-4

## 采购费用分配表

2014 年 12 月 06 日　　　　　　　　　　　　　　　　　　　　单位:元

| 材料名称 | 分配标准(千克) | 分配率 | 分配额 | 备注 |
|---|---|---|---|---|
| 聚丙烯 | 1 500 | | 409.05 | |
| 聚乙烯 | 1 800 | 0.272 7 | 490.95 | |
| | | | | |
| 合计 | 3 300 | | 900.00 | |

制单:李一凡　　　　　　　　审核:高山　　　　　　　　记账:李一凡

表 3-5

## 收 料 单

2014 年 12 月 06 日　　　　　　　　　　　　　　　　No. 20010215

来料单位:广州石油化工有限公司　　　发票号 45720432　　　　2014 年 12 月 06 日收到

| 材料名称 | 送验数量 | 实收数量 | 单位 | 单价 | 买价 | 运杂费 | 成本总额 百 十 万 千 百 十 元 角 分 | 单位成本 |
|---|---|---|---|---|---|---|---|---|
| 聚丙烯 | 1 500 | 1 500 | 千克 | 12.00 | 18 000.00 | 409.05 | 1 8 4 0 9 0 5 | 12.272 7 |
| 聚乙烯 | 1 800 | 1 800 | 千克 | 21.50 | 38 700.00 | 490.95 | 3 9 1 9 0 9 5 | 21.772 8 |
| | | | | | | | | |
| 合计 | | | | | 56 700.00 | 900.00 | ¥ 5 7 6 0 0 0 0 | |
| 备注: | | | | 合计 ¥ 57 600.00 | | | | |

第二联　记账联

收料:王明　　　　　保管:齐铭　　　　　记账:李一凡　　　　　制单:齐铭

 活动指导

　　小企业购买材料并验收入库,同时支付材料款项,按采购材料发生的实际成本借记"原材料"科目,按照增值税专用发票上注明的税额借记"应交税费——应交增值税(进项税额)"科目,按支付货款贷记"银行存款"科目。

　　采购费用是指企业在采购材料过程中所支付的各项费用,包括材料的运输费、装卸费、保险费、包装费、仓储费,以及运输途中的合理损耗和入库前的整理挑选费等。采购费用应计入材料成本,借记"原材料"或"在途物资""应交税费——应交增值税(进项税额)"科目,贷记"库存现金"或"银行存款"科目。若发生的采购费用购入了两种或两种以上不同材料,还需在不同材料之间进行采购费用的分配。

　　采购费用的分配方法:可以按实物重量或按材料买价分配。

　　公司的运输费用按采购材料的重量进行分配,公式如下:

$$运输费用分配率=\frac{实际发生的运输费用}{材料的重量}$$

某种材料应分担的运输费用＝该材料的重量×运输费用分配率

根据审核无误的增值税专用发票、收料单、支票存根联等原始凭证,编制会计分录如下:

| | |
|---|---|
| 借:原材料——聚丙烯 | 18 409.05 |
| ——聚乙烯 | 39 190.95 |
| 应交税费——应交增值税(进项税额) | 9 738.00 |
| 贷:银行存款 | 66 339.00 |
| 库存现金 | 999.00 |

 注意事项

(1) 增值税专用发票抵扣联不附在记账凭证后,应另行装订保管,作为抵扣进项税额的凭证。

(2) 办理材料验收入库时,如有遗失、损坏、发货错误等情况时,会出现送验数量和实收数量不一致,此时先按验收合格的实收数量入库,其余待查明原因后再作处理。

(3) 小企业外购的材料,发生短缺,属于运输途中发生的自然损耗,其金额应计入已入库材料成本,因自然灾害等发生的损失和尚待查明原因的途中损耗,先记入"待处理财产损溢"科目,查明原因后再作处理。

## 活动 3.1.2　支付采购材料款,尚未收到材料

 活动背景

采购材料情境如图 3-3 所示。

图 3-3　采购材料情境图

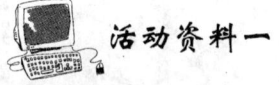 活动资料一

2014 年 12 月 10 日,公司从东莞市益能化工有限公司购入黄色母料、红色母料,已收到

购货发票,该批材料的货款已通过银行转账支付,材料尚未到达。相关单据如表3-6和表3-7所示。

表3-6

```
        中国建设银行
         支票存根
        10304420
         10001120
附加信息
_____
_____

出票日期  2014 年 12 月 10 日

收款人:东莞市益能化工有限公司

金  额:￥32 877.00

用  途:货款

单位主管  李明    会计  李一凡
```

表3-7
4400134620

广东省增值税专用发票

发票联

No 35720321
开票日期:2014 年 12 月 10 日

| 购买方 | 名　称:东莞市京贸塑料制品有限公司<br>纳税人识别号:441911792915001<br>地址、电话:东莞市莞城区学院路 287 号  22662220<br>开户行及账号:中国建设银行东莞市分行建业支行 1056020040405555678 | | | | | 密码区 | (略) | | |
|---|---|---|---|---|---|---|---|---|---|
| 货物或应税劳务、服务名称 | 规格型号 | 单位 | 数量 | 单价 | 金额 | 税率 | 税额 | | |
| 红色母料 | | 千克 | 50 | 310.00 | 15 500.00 | 17% | 2 635.00 | | |
| 黄色母料 | | 千克 | 30 | 420.00 | 12 600.00 | 17% | 2 142.00 | | |
| 合　计 | | | | | ￥28 100.00 | | ￥4 777.00 | | |
| 价税合计(大写) | ⊗叁万贰仟捌佰柒拾柒元整 | | | | (小写)￥32 877.00 | | | | |
| 销售方 | 名　称:东莞市益能化工有限公司<br>纳税人识别号:441911792915002<br>地址、电话:东莞市东城区桑园狮龙路 20 号  0769-26753300<br>开户行及账号:中国建设银行东莞市分行桑园支行 1056020011112222333 | | | | | 备注 | | | |

第三联  发票联  购买方记账凭证

收款人:张飞　　　复核:黄河　　　开票人:蔡文静　　　销售方:(章)

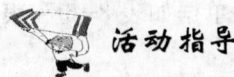 活动指导

　　小企业采购材料,如果款项已付,材料尚未到达,应借记"在途物资"科目,按可抵扣的增值税税额借记"应交税费——应交增值税(进项税额)",按实际支付的款项,贷记"银行存款"等科目。"在途物资"账户应按供应单位和物资品种进行明细核算。

　　会计根据审核无误的购货增值税专用发票和付款原始凭证,编制会计分录如下:

　　　　借:在途物资——东莞市益能化工有限公司　　　　　　　　　　　　　28 100
　　　　　　应交税费——应交增值税(进项税额)　　　　　　　　　　　　　　4 777
　　　　　　贷:银行存款　　　　　　　　　　　　　　　　　　　　　　　　32 877

 活动资料二

　　12月15日,从东莞市益能化工有限公司购买黄色母料、红色母料运达公司,材料验收入库。收料单如表3-8所示。

表3-8

## 收　料　单

2014 年 12 月 15 日　　　　　　　　　　　　　　No. 20010216

来料单位:东莞市益能化工有限公司　　发票号 35720321　2014 年 12 月 15 日收到

| 材料名称 | 送验数量 | 实收数量 | 单位 | 单价 | 买价 | 运杂费 | 成本总额 ||||||||| 单位成本 |
|---|---|---|---|---|---|---|---|---|---|---|---|---|---|---|---|
| | | | | | | | 十 | 万 | 千 | 百 | 十 | 元 | 角 | 分 | |
| 红色母料 | 50 | 50 | 千克 | 310.00 | 15 500.00 | | | 1 | 5 | 5 | 0 | 0 | 0 | 0 | 310.00 |
| 黄色母料 | 30 | 30 | 千克 | 420.00 | 12 600.00 | | | 1 | 2 | 6 | 0 | 0 | 0 | 0 | 420.00 |
| | | | | | | | | | | | | | | | |
| 合计 | | | | | 28 100.00 | | ¥ | 2 | 8 | 1 | 0 | 0 | 0 | 0 | |
| 备注 | | | | 合计 ¥ 28 100.00 |||||||||||

第二联　记账联

验收人:王明　　　　　保管:齐铭　　　　　记账:李一凡　　　　　制单:齐铭

 活动指导二

　　收到材料,办理验收入库手续,借记"原材料"科目,贷记"在途物资"科目。
　　根据审核无误的原始凭证,编制会计分录如下:

　　　　借:原材料——红色母料　　　　　　　　　　　　　　　　　　　　　15 500
　　　　　　　　——黄色母料　　　　　　　　　　　　　　　　　　　　　　12 600
　　　　　　贷:在途物资——东莞市益能化工有限公司　　　　　　　　　　　28 100

**业务延伸**

月末,应将仓库转来的外购材料收料凭证,分别下列不同情况进行汇总:

(1) 对于收到发票账单的收料凭证(包括本月付款或开出、承兑商业汇票的上月收料凭证),应当按照汇总金额,借记"原材料"科目,贷记"在途物资"科目。

(2) 对于尚未收到发票账单的收料凭证,应按照估计金额暂估入账,借记"原材料"科目,贷记"应付账款——暂估应付账款"科目,下月初用红字做同样的会计分录予以冲回,以便下月收到发票账单等结算凭证时,按照正常程序进行账务处理。

例1:A公司从B公司购入材料一批,取得的增值税专用发票上注明材料价款为11 000元,增值税税额为1 870元。款项已通过银行转账支付,材料尚未验收入库。则A公司应作如下会计处理:

借:在途物资 11 000
　应交税费——应交增值税(进项税额) 1 870
　贷:银行存款 12 870

月末,材料到达验收入库,根据仓库转来的外购材料收料凭证编制会计分录:

借:原材料 11 000
　贷:在途物资 11 000

例2:A公司2×14年2月20日从B公司购入材料一批,已验收入库,但月末发票账单等结算凭证未到,货款尚未支付。该批材料合同价格为48 000元。2×14年3月5日收到发票账单等结算凭证,以银行存款支付材料价款50 000元,增值税税额8 500元。根据上述资料,A公司应作如下会计处理:

(1) 2×14年2月末按合同价格暂估入账时:

借:原材料 48 000
　贷:应付账款——暂估应付账款 48 000

(2) 2×14年3月初用红字做相同会计分录予以冲销时:

借:原材料 48 000
　贷:应付账款——暂估应付账款 48 000

(3) 2×14年3月5日支付材料价款时:

借:原材料 50 000
　应交税费——应交增值税(进项税额) 8 500
　贷:银行存款 58 500

## 活动 3.1.3 预付款项采购材料

 **活动背景**

预付款采购材料情境如图 3-4 所示。

图 3-4 预付款采购材料情境图

 **活动资料**

公司向东莞市永恒包装有限公司购买纸盒一批,12 月 15 日按合同规定预付款项 10 000 元(见单元 2 活动 2.2.6),12 月 25 日,收到材料和专用发票等单据。材料已入库。同时用银行存款补付款项 7 550 元。相关单据如表 3-9 至表 3-11 所示。

表 3-9
4400134620

### 广东省增值税专用发票

发票联

No 39720568
开票日期:2014 年 12 月 25 日

| 购买方 | 名 称:东莞市京贸塑料制品有限公司<br>纳税人识别号:441911792915001<br>地 址 、电 话:东莞市莞城区学院路 287 号 22662220<br>开户行及账号:中国建设银行东莞市分行建业支行 1056020040405555678 | | | 密码区 | (略) | | |
|---|---|---|---|---|---|---|---|
| 货物或应税劳务、服务名称 | 规格型号 | 单位 | 数量 | 单价 | 金额 | 税率 | 税额 |
| 纸盒 | | 个 | 50 000 | 0.30 | 15 000.00 | 17% | 2 550.00 |
| 合 计 | | | | | ¥15 000.00 | | ¥2 550.00 |
| 价税合计(大写) | ⊗壹万柒仟伍佰伍拾元整 | | | | (小写)¥17 550.00 | | |
| 销售方 | 名 称:东莞市永恒包装有限公司<br>纳税人识别号:441911792915004<br>地 址 、电 话:东莞市中堂镇新兴路 65 号<br>0769-32884567<br>开户行及账号:中国建设银行东莞市分行中堂支行 1056020044445555666 | | | 备注 | 东莞市永恒包装有限公司<br>441911792915004<br>销售方章 | | |

收款人:顾能　　　　复核:李东　　　　开票人:李静

第三联 发票联 购买方记账凭证

表 3-10

<h1>收 料 单</h1>

NO. 20010217

2014 年 12 月 25 日

来料名称:东莞市永恒包装有限公司  发票号 39720568  2014 年 12 月 25 日收到

| 材料名称 | 送验数量 | 实收数量 | 单位 | 单价 | 买价 | 运杂费 | 成本总额 | | | | | | | | 单位成本 |
|---|---|---|---|---|---|---|---|---|---|---|---|---|---|---|---|
| | | | | | | | 十万 | 千 | 百 | 十 | 元 | 角 | 分 | |
| 纸盒 | 50 000 | 50 000 | 个 | 0.30 | 15 000.00 | | 1 | 5 | 0 | 0 | 0 | 0 | 0 | 0.30 |
| | | | | | | | | | | | | | | |
| | | | | | | | | | | | | | | |
| 合 计 | | | | | | | ¥ 1 | 5 | 0 | 0 | 0 | 0 | 0 | |
| 备注 | | | | 合计 ¥15 000.00 | | | | | | | | | | |

验收人:王明       保管:齐铭       记账:李一凡       制单:齐铭

表 3-11

 中国建设银行 China Construction Bank

**电汇凭证**(回单)

□✓ 普通   □ 加急        委托日期:2014 年 12 月 25 日

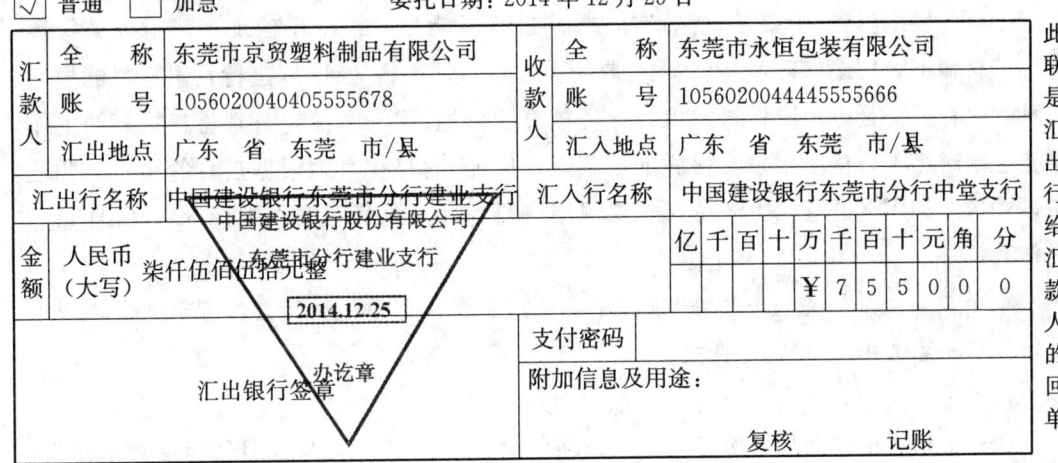

| 汇款人 | 全 称 | 东莞市京贸塑料制品有限公司 | 收款人 | 全 称 | 东莞市永恒包装有限公司 | | | | | | | | | |
|---|---|---|---|---|---|---|---|---|---|---|---|---|---|---|
| | 账 号 | 1056020040405555678 | | 账 号 | 1056020044445555666 | | | | | | | | | |
| | 汇出地点 | 广东 省 东莞 市/县 | | 汇入地点 | 广东 省 东莞 市/县 | | | | | | | | | |
| | 汇出行名称 | 中国建设银行东莞市分行建业支行 | | 汇入行名称 | 中国建设银行东莞市分行中堂支行 | 亿 | 千 | 百 | 十 | 万 | 千 | 百 | 十 | 元 角 分 |
| 金额 | 人民币(大写) | 柒仟伍佰伍拾元整 | | | | | | | | ¥ 7 | 5 | 5 | 0 | 0 0 |
| | 汇出银行签章 | | | 支付密码 | | | | | | | | | | |
| | | | | 附加信息及用途: | | | | | | | | | | |
| | | | | | | | | 复核 | | | 记账 | | | |

中国建设银行股份有限公司
东莞市分行建业支行
2014.12.25

 活动指导

用预付款采购材料,收到所购材料时,根据发票账单等列明应计入购入材料成本的金额,借记"原材料"科目,按专用发票上注明的增值税税额,借记"应交税费——应交增值税(进项税额)"科目,按应付金额,贷记"预付账款"科目。预付款金额不足,需补付材料款时,借记"预付账款"科目,贷记"银行存款"科目。若收到退回多付的款项,借记"银行存款"科目,贷记"预付账款"科目。

12月25日,根据审核无误的验收入库单、发票编制会计分录如下:

借:原材料——纸盒            15 000

  应交税费——应交增值税(进项税额)     2 550

 贷:预付账款——东莞市永恒包装有限公司    17 550

根据审核无误的电汇凭证回单,编制会计分录如下:

借:预付账款——东莞市永恒包装有限公司     7 550

 贷:银行存款             7 550

 **任务 3.2 材料发出业务处理**

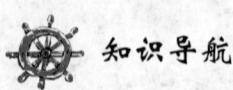 知识导航

  小企业发出材料,主要是自制产品领用,也有可能是发给外单位加工或对外销售等。发出的材料不管用途如何,均应办理必要的手续填写领发料凭证,以进行发出材料的核算。各种领发料凭证是进行原材料发出总分类核算的依据,但为了简化日常材料核算的工作,小企业平时可不直接根据领发料凭证填制记账凭证,而是在月末根据当月的领发料凭证,按领用部门和用途进行归类汇总,编制"领用材料凭证汇总表",据以进行材料发出的总分类核算。

  小企业应当采用先进先出法、加权平均法或者个别计价法确定发出存货的实际成本。计价方法一经选用,不得随意变更。

 1. 加权平均法

  加权平均法也称全月一次加权平均法,指以本月全部收货数量加月初存货数量作为权数,去除本月全部收货成本加上月初存货成本,计算出存货的加权平均单位成本,从而确定发出存货的成本和期末存货成本的一种方法。

  计算公式:

$$加权平均单位成本 = \frac{(期初结存存货成本 + 本期购入存货成本)}{(期初结存存货数量 + 本期购入存货数量)}$$

$$期末库存存货成本 = 期末库存存货数量 \times 存货加权平均单位成本$$

$$本期发出存货的成本 = 本期发出存货的数量 \times 存货加权平均单位成本$$

  或      $= 期初存货成本 + 本期收入存货成本 - 期末存货成本$

## 2. 先进先出法

先进先出法是以先购入的存货先发出这样一种存货实物流转假设为前提,对先发出存货按先入库的存货单位成本进行计价的一种方法。采用这种方法,先购入的存货成本在后购入的存货成本之前转出,据此确定发出存货和期末存货的成本。

# 活动 3.2.1  领用材料,月终结转发出材料成本

 活动背景

领用材料情境如图 3-5 所示。

图 3-5  领用材料情境图

 活动资料

12 月 31 日,仓库根据领发料凭证(领料单样式如表 3-12 所示,其余略),汇总编制"领用材料凭证汇总表",如表 3-13 所示。

表 3-12

# 领 料 单

领料单位:生产车间          2014 年 12 月 05 日          领料编号:1207

| 用途:生产饭盒 | | | | | | |
| --- | --- | --- | --- | --- | --- | --- |
| 材料类别 | 材料编号 | 材料名称 | 材料规格 | 计量单位 | 请领数量 | 实发数量 |
| 原材料 | | 聚丙烯 | | 千克 | 300 | 300 |
| 原材料 | | 聚乙烯 | | 千克 | 400 | 400 |
| | | | | | | |
| | | | | | | |

主管会计:李一凡          发料:齐铭          领料:马金龙

第二联  记账联

表 3-13

## 领用材料凭证汇总表

2014 年 12 月 31 日

单位:元

| 用途 | 聚丙烯(千克) | | | 聚乙烯(千克) | | | 红色母料(千克) | | | 黄色母料(千克) | | | 纸盒(个) | | | 合计 |
|---|---|---|---|---|---|---|---|---|---|---|---|---|---|---|---|---|
| | 数量 | 单价 | 金额 | 数量 | 单价 | 金额 | 数量 | 单价 | 金额 | 数量 | 单价 | 金额 | 数量 | 单价 | 金额 | |
| 饭盒 | 1 740 | 12.05 | 20 967.00 | 750 | 21.68 | 16 260.00 | 24.1 | 308.08 | 7 424.73 | | | | 15 000 | 0.30 | 4 500.00 | 49 151.73 |
| 密封盒 | 1 535 | 12.05 | 18 496.75 | 635 | 21.68 | 13 766.80 | 20 | 308.08 | 6 161.60 | | | | 15 000 | 0.30 | 4 500.00 | 42 925.15 |
| 水杯 | 1 600 | 12.05 | 19 280.00 | 270 | 21.68 | 5 853.60 | | | | 19 | 411.75 | 7 823.25 | 14 500 | 0.30 | 4 350.00 | 37 306.85 |
| 管理部门 | | | | | | | | | | | | | 100 | 0.30 | 30.00 | 30.00 |
| 合计 | 4 875 | | 58 743.75 | 1 655 | | 35 880.40 | 44.1 | | 13 586.33 | 19 | | 7 823.25 | 44 600 | | 13 380.00 | 129 413.73 |

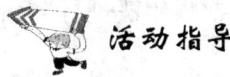 活动指导

不同用途的材料应借记不同的科目,应根据用途按实际成本,借记"生产成本""制造费用""销售费用""管理费用"等科目,贷记"原材料"科目。

根据审核无误的"领用材料凭证汇总表",编制会计分录如下:

借:生产成本——饭盒(直接材料) 　　　　　　　49 151.73

　　　　　——密封盒(直接材料) 　　　　　　　42 925.15

　　　　　——水杯(直接材料) 　　　　　　　37 306.85

　管理费用——物料消耗 　　　　　　　30.00

　贷:原材料——聚丙烯 　　　　　　　58 743.75

　　　　　——聚乙烯 　　　　　　　35 880.40

　　　　　——红色母料 　　　　　　　13 586.33

　　　　　——黄色母料 　　　　　　　7 823.25

　　　　　——纸盒 　　　　　　　13 380.00

 注意事项

小企业发出材料的实际成本,因计价方法不同,所计算出来的成本是不相同,因此需要选用好计价方法,材料计价方法一经确定,不得随意变更。

 任务 3.3　周转材料的业务处理

 知识导航

1. 周转材料概述

周转材料是指小企业能够多次使用、逐渐转移其价值但仍保持原有形态且不确认为固定资产的材料,包括包装物、低值易耗品、小企业(建筑业)的钢模板、木模板、脚手架等。

小企业应设置"周转材料"账户核算库存的周转材料的实际成本或计划成本。该账户应按照周转材料的种类,分别"在库""在用""摊销"进行明细核算。

2. 周转材料的账务处理

(1) 取得周转材料的核算。小企业购入、自制、委托外单位加工完成并验收入库的周转材料,以及对周转材料的清查盘点,比照"原材料"账户的相关规定进行账务处理。

(2) 发出周转材料的核算。对于周转材料,采用一次转销法进行会计处理,在领用时按

其成本计入生产成本或当期损益;金额较大的周转材料,也可以采用分次摊销法进行会计处理。出租或出借周转材料,不需要结转其成本,但应当进行备查登记。

生产、施工领用周转材料,通常采用一次转销法,按照其成本,借记"生产成本""管理费用""工程施工"等科目,贷记"周转材料"科目。金额较大的周转材料,也可以采用分次摊销法,领用时应按照其成本,借记"周转材料(在用)"科目,贷记"周转材料(在库)"科目;按照使用次数摊销时,应按照其摊销额,借记"生产成本""管理费用""工程施工"等科目,贷记"周转材料(摊销)"科目。

## 活动 3.3.1　领用低值易耗品

 *活动背景*

领用工具情境如图 3-6 所示。

图 3-6　领用工具情境图

 *活动资料*

12 月 23 日,车间工人去仓库领用工具一批,填写低值易耗品领用表,如表 3-14 所示,并办理相关手续。

表 3-14

### 低值易耗品领用表

领用部门:生产车间　　　　　　　时间:2014 年 12 月 23 日　　　　　　　单位:元

| 低值易耗品名称 | 单位 | 数量 | 金额 | 备注 |
|---|---|---|---|---|
| 手电钻 | 把 | 2 | 1 150.00 | |
| 台虎钳 | 台 | 2 | 990.00 | |
| 活动扳手 | 把 | 2 | 490.00 | |
| 工具箱 | 个 | 2 | 370.00 | |
| 合计 | | | 3 000.00 | |

发料人:齐铭　　　　　　　　　　　　　　　　　　　领料人:王国勤

 **活动指导**

低值易耗品一般划分为一般工具、专用工具、替换设备、管理用具、劳动保护用品、其他用具等。低值易耗品通过"周转材料——低值易耗品"账户核算。

小企业发出低值易耗品时,通常采用一次转销法进行会计处理,在领用时,按其成本借记"生产成本""制造费用""管理费用"等科目,贷记"周转材料——低值易耗品"科目。金额较大的周转材料,也可以采用分次摊销法进行会计处理。

根据审核无误的低值易耗品领用表,编制会计分录如下:

借:制造费用——低值易耗品摊销                                 3 000

   贷:周转材料——低值易耗品                                3 000

 **业务延伸**

周转材料是指在正常生产经营过程中可多次使用,但不确认为固定资产的材料,如低值易耗品、包装物,以及小企业(建筑业)的钢模板、木模板、脚手架等。

小企业购入、自制、委托外单位加工完成并验收入库的周转材料,以及对周转材料的清查盘点,比照"原材料"账户的相关规定进行账务处理。

生产、施工领用周转材料,通常采用一次转销法,按照其成本,借记"生产成本""管理费用""工程施工"等科目,贷记"周转材料"科目。

随同产品出售但不单独计价的包装物,按其成本,借记"销售费用"科目,贷记"周转材料"科目。

随同产品一同出售并单独计价的包装物,按照其成本,借记"其他业务成本"科目,贷记"周转材料"科目。

例3:企业在商品销售过程中领用包装箱一批,实际成本2 500元,该批包装箱随同商品出售但不单独计价。账务处理如下:

借:销售费用                                       2 500

   贷:周转材料——包装物                                2 500

 ## 任务3.4　材料清查业务处理

 **知识导航**

1. 存货盘点

小企业在进行存货的日常收发及保管过程中,因种种原因可能会造成存货实际结存数量与账面结存数量不符。为了确保账实相符,企业应定期或不定期进行存货盘点。发生存货盘盈、盘亏及毁损时,应及时查明原因,并进行账务处理,以保证账实相符。

存货清查的方法采用实地盘点法。通过对存货的实地盘点,确定存货的实有数量,并与账面结存数核对,从而确定存货实存数与账面结存数是否相符。存货清查按照清查的对象和范围不同,分为全面清查和局部清查。按清查时间分为定期清查与不定期清查。

2. 存货清查的会计处理

存货清查结果的会计处理分为以下两个步骤:

第一步,在报经有关部门批准前,根据"存货盘点报告表",按盘盈或盘亏、毁损存货的实际成本调整存货的账面价值,使存货账实相符。同时,将其记入"待处理财产损溢——待处理流动资产损溢"账户,报送有关部门批示。

第二步,经有关部门批示后,根据存货盘盈或盘亏、毁损的不同原因及处理结果,将"待处理财产损溢"分别结转到不同账户,以落实经济责任。

为了核算存货清查过程中查明的各项存货盘盈或盘亏、毁损等情况,小企业应设置"待处理财产损溢"总账账户及"待处理流动资产损溢"明细账户。该账户具有双重性质。借方登记发生的各种财产物资的盘亏金额和批准转销的盘盈金额,贷方登记发生的各种财产物资的盘盈金额和批准转销的盘亏金额。该账户处理前的借方余额反映企业尚未处理的各种财产净损失;处理前的贷方余额反映企业尚未处理的各种财产的净溢余。期末,该账户处理后没有余额。存货的盘盈或盘亏、毁损,应区分不同情况进行账务处理。

## 活动 3.4.1 材料清查盘盈的处理

 **活动背景**

材料清查情境如图 3-7 所示。

图 3-7 材料清查情境图

 活动资料

2014年12月29日,公司组织人员对仓库存放材料进行盘点,盘点结果如表3-15所示。

表3-15

### 存货盘点报告表

单位名称:东莞市京贸塑料制品有限公司　　　　盘点日期:2014年12月29日　　　　单位:元

| 存货类别 | 名称规格 | 计量单位 | 数量 | | 单价 | 盘盈 | | 盘亏(毁损) | | 盈亏原因 |
|---|---|---|---|---|---|---|---|---|---|---|
| | | | 账存 | 实存 | | 数量 | 金额 | 数量 | 金额 | |
| 原材料 | 纸盒 | 个 | 6 400 | 8 400 | 0.30 | 2 000 | 600.00 | | | 待查 |
| | | | | | | | | | | |
| | | | | | | | | | | |
| | | | | | | | | | | |

参与盘点人员签名:李一凡　齐铭

 活动指导一

小企业盘盈的各种材料,应当按照同类或类似存货的市场价格或评估价,借记"原材料"科目,贷记"待处理财产损溢——待处理流动资产损溢"科目。

2014年12月29日,根据"存货盘点报告表"编制会计分录如下:

借:原材料——纸盒　　　　　　　　　　　　　　　　　　　　　　　600
　贷:待处理财产损溢——待处理流动资产损溢　　　　　　　　　　　　　600

 活动资料二

2014年12月31日,经公司经理办公会议研究决定,将盘盈的材料按会计制度处理,按成本转入"营业外收入"账户。存货盘盈批准处理书如表3-16所示。

营业外收入是指小企业非日常生产经营活动形成的、应当计入当期损益、会导致所有者权益增加、与所有者投入资本无关的经济利益的净流入。

小企业的营业外收入包括:非流动资产处置净收益、政府补助、捐赠收益、盘盈收益、汇兑收益、出租包装物和商品的租金收入、逾期未退包装物押金收入、确实无法偿付的应付款项、已作坏账损失处理后又收回的应收款项、违约金收益等。

通常,小企业的营业外收入应当在实现时按照其实现金额计入当期损益。

表 3-16

---

### 存货盘盈批准处理书

公司于 2014 年 12 月 29 日进行存货盘点,盘点结果为:纸盒盘盈 2 000 个,金额为 600 元。经查,盘盈原因不明,现经公司研究决定按会计制度规定处理,转入"营业外收入",请有关部门遵照执行。

东莞市京贸塑料制品有限公司

2014 年 12 月 31 日

---

 **活动指导二**

小企业盘盈的各种材料,按照管理权限经批准后处理,借记"待处理财产损溢——待处理流动资产损溢"科目,贷记"营业外收入"科目。

根据批准文件对盘盈材料进行账务处理,编制会计分录如下:

借:待处理财产损溢——待处理流动资产损溢          600

    贷:营业外收入          600

 **注意事项**

小企业盘点材料,对盘点结果需要填制"存货盘点报告表",按实际成本调整材料的账面价值,处理时还需报送有关部门批示后才可处理,以落实经济责任。

 **业务延伸**

小企业盘亏的各种材料,按照其账面余额,借记"待处理财产损溢——待处理流动资产损溢"科目,贷记"原材料"科目。

营业外支出是指小企业非日常生产经营活动发生的、应当计入当期损益、会导致所有者权益减少、与向所有者分配利润无关的经济利益的净流出。

小企业的营业外支出包括:存货的盘亏、毁损、报废损失,非流动资产处置净损失,坏账损失,无法收回的长期债券投资损失,无法收回的长期股权投资损失,自然灾害等不可抗力因素造成的损失,税收滞纳金,罚金,罚款,被没收财物的损失,捐赠支出,赞助支出等。

盘亏材料,根据"存货盘点报告表"编制会计分录如下:

借:待处理财产损溢——待处理流动资产损溢

　　贷:原材料

　　小企业盘亏、毁损的各种材料,按照管理权限经批准后处理,按照残料价值,借记"原材料"科目,按照可收回的保险赔偿或过失人赔偿,借记"其他应收款"科目,按照"待处理财产损溢——待处理流动资产损溢"账户借方余额,贷记"待处理财产损溢——待处理流动资产损溢"科目,按照其借方差额,借记"营业外支出"科目。

　　盘亏材料进行处理时,根据公司批准文件及赔偿情况,编制会计分录如下:

借:原材料

　　其他应收款

　　营业外支出

　　贷:待处理财产损溢——待处理流动资产损溢

## 单元练习

### 一、单项选择题

1. 某小企业为增值税一般纳税人,从外地购入原材料 300 吨,取得的增值税专用发票上注明的价款为 360 000 元,增值税税额为 61 200 元,另发生运输费 30 000 元,装卸费 10 000 元,途中保险费为 9 000 元。原材料已验收入库,则该原材料的入账价值为(　　)元。

　　A. 397 900　　　　B. 406 900　　　　C. 409 000　　　　D. 470 200

2. 企业在材料收入的核算中,需在月末暂估入账并于下月初红字冲回的是(　　)。

　　A. 月末购货发票账单未到,但已入库的材料

　　B. 月末购货发票账单已到,货款未付但已入库的材料

　　C. 月末购货发票账单已到,货款已付且已入库的材料

　　D. 月末购货发票账单已到,货款已付但未入库的材料

3. 某小企业 11 月 1 日甲存货结存数量为 200 件,单价为 8 元;11 月 2 日发出甲存货 150 件;11 月 5 日购进甲存货 200 件,单价 8.8 元;11 月 7 日发出甲存货 100 件。在对甲存货发出采用先进先出法的情况下,11 月 7 日发出甲存货的实际成本为(　　)元。

　　A. 800　　　　B. 840　　　　C. 860　　　　D. 880

4. 某小企业为增值税一般纳税人,购入乙种原材料 5 000 吨,取得的增值税专用发票上注明的价款为每吨 1 200 元,增值税税额为 1 020 000 元。另发生运输费用 60 000 元,装卸费用 20 000 元,途中保险费用 18 000 元。原材料运抵企业后,验收入库原材料为 4 996 吨,运输途中发生合理损耗 4 吨。该原材料的成本为(　　)元。

　　A. 6 078 000　　　　B. 6 098 000　　　　C. 6 093 800　　　　D. 6 089 000

5. 某企业因火灾原因毁损一批原材料,价值 16 000 元,该批原材料增值税进项税额为

2 720 元。收到各种赔款 1 500 元,残料入库 200 元。报经批准后,应记入"营业外支出"账户的金额为(　　)元。

A. 17 020 　　　　　 B. 18 620 　　　　　 C. 14 300 　　　　　 D. 14 400

6. 下列各项资产中,不属于存货范围的是(　　)。

A. 委托加工材料

B. 在产品

C. 顾客交款并开出提货单而尚未提走的货物

D. 货款已付,正在运输途中的外购材料

7. 存货采用先进先出法计价的企业,在物价上涨的情况下,会使企业(　　)。

A. 期末库存升高,当期损益增加 　　　　　 B. 期末库存升高,当期损益减少

C. 期末库存降低,当期损益增加 　　　　　 D. 期末库存降低,当期损益减少

8. 某小企业为增值税一般纳税人。原材料采用实际成本法核算。购入 A 种原材料 100 吨,取得的增值税专用发票上注明价款为 80 万元,增值税税额为 13.6 万元。另发生运输费用 10 万元,装卸费用 5 万元,途中保险费用 3.7 万元。原材料运抵企业后,验收入库原材料为 98 吨,运输途中发生合理损耗 2 吨。则该原材料的实际单位成本为(　　)万元。

A. 0.80 　　　　　 B. 0.90 　　　　　 C. 1.00 　　　　　 D. 1.10

二、多项选择题

1. 下列各项中,应包括在资产负债表"存货"项目的有(　　)。

A. 周转材料 　　　　　 B. 委托加工物资

C. 正在加工中的在产品成本 　　　　　 D. 消耗性生物资产

2. 下列项目中,应计入材料采购成本的有(　　)。

A. 材料买价 　　　　　 B. 采购人员的差旅费

C. 装卸费 　　　　　 D. 保险费

3. 小企业库存材料发生盘亏或毁损,在查明原因后应分别记入(　　)账户。

A."管理费用" 　　　　　 B."财务费用"

C."营业外支出" 　　　　　 D."其他应收款"

4. 下列项目中构成小企业外购原材料实际成本的有(　　)。

A. 支付的买价

B. 入库后的挑选整理费

C. 运输途中的保险费

D. 加工货物收回后用于连续生产的应税消费品

5. 下列各项存货中,属于周转材料的有(　　)。

A. 委托加工物资 　　　　　 B. 包装物

C. 低值易耗品 　　　　　 D. 包装材料

### 三、判断题

1. 工业小企业购入材料和批发业小企业购入商品所发生的运杂费、保险费等均应计入存货成本。 （　　）

2. 存货发生毁损,处置收入、可收回的责任人赔偿和保险赔款,扣除其成本、相关税费后的净额,应当记入"管理费用"账户。 （　　）

3. 购入材料在运输途中发生的合理损耗无需单独进行账务处理。 （　　）

4. 无论小企业对存货采用实际成本核算,还是采用计划成本核算,在编制资产负债表时,资产负债表上的存货项目反映的都是存货的实际成本。 （　　）

5. 一般纳税企业购进生产用材料时,按照税法的有关规定,可以按支付的外地运费的一定比例计算增值税进项税额,该进项税额不应计入购进材料的采购成本中。 （　　）

6. 发出存货计价方法的选择直接影响着资产负债表中资产总额的多少,而与利润表中净利润的大小无关。 （　　）

7. 企业接收的投资者投入的商品,应按照该商品在投资方的账面价值入账。 （　　）

### 四、实务题

1. 某小企业月初甲材料结存金额500元,结存数量250千克;本月5日和20日分别购买甲材料200千克,单价分别为2.1元和2.3元;本月10日和25日分别领用300千克甲材料。

要求:根据上述资料,采用加权平均法计价计算甲材料期末结存金额。

2. 某小企业原材料按实际成本计价,发生以下经济业务:

(1) 购进甲种原材料一批,增值税专用发票上注明价款2万元,增值税税额0.34万元,共计2.34万元,以银行存款支付,材料尚未运到。

(2) 购进乙种原材料一批,增值税专用发票上注明价款2.5万元,增值税税额4 250元,共计2.925万元,材料验收入库,款项以银行存款支付。

(3) 购进甲种材料运到并验收入库。(参看业务1)

(4) 根据乙种材料"发料凭证汇总表"所列,生产车间领用1.5万元,管理部门领用0.4万元。

要求:根据以上经济业务,编制会计分录。

# 单元4 职工薪酬业务处理

 学习目标

◆ 了解整理、审核薪酬资料的技术方法

◆ 熟悉职工的工资及各项补助、奖金的计算方法

◆ 能进行发放工资的账务处理

◆ 会职工"三险一金"、个人所得税等扣款的计算

◆ 能进行职工"三险一金"、个人所得税等扣款的账务处理

◆ 会编制工资分配表

◆ 能进行企业计提"五险一金"的账务处理

◆ 会进行上缴社会保险费和住房公积金的账务处理

职工薪酬处理情境如图4-1所示。

图4-1 职工薪酬处理情境图

职工薪酬是指小企业为获得职工提供的服务而应付给职工的各种形式的报酬以及其他相关支出。小企业的职工薪酬包括以下几种：

（1）职工工资、奖金、津贴和补贴。

（2）职工福利费。

（4）住房公积金。

（5）工会经费和职工教育经费。

（6）非货币性福利。

（7）因解除与职工的劳动关系给予的补偿。

（8）其他与获得职工提供的服务相关的支出等。

 **任务 4.1　工资结算的业务处理**

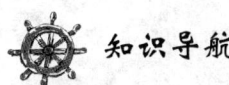 **知识导航**

小企业应设置"应付职工薪酬"账户，核算应付职工薪酬的提取、结算、使用等情况。该账户贷方登记已分配计入有关成本费用账户的职工薪酬的金额，借方登记实际发放的职工薪酬金额；期末余额一般在贷方，反映小企业应付未付的职工薪酬。

小企业应根据职工薪酬类别，设置"职工工资""奖金、津贴和补贴""职工福利费""社会保险费""住房公积金""工会经费""职工教育经费""非货币性福利""辞退福利"等二级账户进行明细核算。

小企业发放职工薪酬应当区分以下情况进行处理：

（1）向职工支付工资、奖金、津贴、福利费等，从应付职工薪酬中扣还的各种款项（代垫的水电费、个人所得税等）等，借记"应付职工薪酬"科目，贷记"库存现金""银行存款""其他应收款""应交税费——应交个人所得税"等科目。

（2）支付工会经费和职工教育经费用于工会活动和职工培训，借记"应付职工薪酬"科目，贷记"银行存款"等科目。

（3）按照国家有关规定缴纳的社会保险费和住房公积金，借记"应付职工薪酬"科目，贷记"银行存款"科目。

## 活动 4.1.1 发放职工工资及代扣款项

### 活动背景

工资发放情境如图 4-2 所示。

图 4-2 工资发放情境图

### 活动资料

2014 年 12 月 15 日,企业发放工资,如表 4-1 和表 4-2 所示。

### 活动指导

小企业发放职工薪酬及计算代扣款项时,按应付工资数额借记"应付职工薪酬"科目,按实发工资数额贷记"银行存款"科目或"库存现金"科目,代扣的三险一金贷记"其他应付款"科目,代扣的个人所得税贷记"应交税费——应交个人所得税"科目。

| | |
|---|---|
| 借:应付职工薪酬——职工工资 | 97 550.00 |
| 　贷:银行存款 | 80 510.96 |
| 　　其他应付款——基本养老保险 | 7 072.00 |
| 　　　　——失业保险 | 884.00 |
| 　　　　——基本医疗保险 | 1 768.00 |
| 　　　　——住房公积金 | 7 072.00 |
| 　　应交税费——应交个人所得税 | 243.04 |

表 4-1

**2014 年 12 月份工资表**

| 编号 | 姓名 | 部门 | 上年平均工资 | 基本工资 | 奖金 | 津贴 | 请假扣款 | 应发合计 | 住房公积金(8%) | 养老保险(8%) | 医疗保险(2%) | 失业保险(1%) | 社保扣款合计 | 计税工资 | 代扣税 | 扣款合计 | 实发合计 |
|---|---|---|---|---|---|---|---|---|---|---|---|---|---|---|---|---|---|
| 001 | 李　明 | 行政部 | 6 200.00 | 5 000.00 | 1 200.00 | 400.00 | 0.00 | 6 600.00 | 496.00 | 496.00 | 124.00 | 62.00 | 1 178.00 | 5 422.00 | 87.20 | 1 265.20 | 5 334.80 |
| 002 | 刘　明 | 行政部 | 3 400.00 | 2 800.00 | 800.00 | 200.00 | 0.00 | 3 800.00 | 272.00 | 272.00 | 68.00 | 34.00 | 646.00 | 3 154.00 | 0.00 | 646.00 | 3 154.00 |
| 003 | 朱梅颖 | 行政部 | 3 400.00 | 2 800.00 | 800.00 | 200.00 | 0.00 | 3 800.00 | 272.00 | 272.00 | 66.00 | 34.00 | 646.00 | 3 154.00 | 0.00 | 646.00 | 3 154.00 |
| 004 | 高　山 | 财务部 | 6 000.00 | 4 800.00 | 1 200.00 | 400.00 | 0.00 | 6 400.00 | 480.00 | 480.00 | 120.00 | 60.00 | 1 140.00 | 5 260.00 | 71.00 | 1 211.00 | 5 189.00 |
| 005 | 张　晴 | 财务部 | 3 400.00 | 2 800.00 | 800.00 | 200.00 | 200.00 | 3 600.00 | 272.00 | 272.00 | 68.00 | 34.00 | 646.00 | 2 954.00 | 0.00 | 646.00 | 2 954.00 |
| 006 | 李一凡 | 财务部 | 3 400.00 | 2 800.00 | 800.00 | 200.00 | 20.00 | 3 800.00 | 272.00 | 272.00 | 68.00 | 34.00 | 646.00 | 3 154.00 | 0.00 | 646.00 | 3 154.00 |
| 007 | 张　成 | 采购部 | 4 700.00 | 3 500.00 | 1200.00 | 400.00 | 0.00 | 5 100.00 | 376.00 | 376.00 | 94.00 | 47.00 | 893.00 | 4 207.00 | 21.21 | 914.21 | 4 185.79 |
| 008 | 王　明 | 采购部 | 3 400.00 | 2 800.00 | 800.00 | 200.00 | 0.00 | 3 800.00 | 272.00 | 272.00 | 68.00 | 34.00 | 646.00 | 3 154.00 | 0.00 | 646.00 | 3 154.00 |
| 011 | 王国勤 | 仓管部 | 4 700.00 | 3 500.00 | 1 200.00 | 400.00 | 0.00 | 5 100.00 | 376.00 | 376.00 | 94.00 | 47.00 | 893.00 | 4 207.00 | 21.21 | 914.21 | 4 185.79 |
| 012 | 齐　铭 | 仓管部 | 3 400.00 | 2 800.00 | 800.00 | 200.00 | 0.00 | 3 800.00 | 272.00 | 272.00 | 68.00 | 34.00 | 646.00 | 3 154.00 | 0.00 | 646.00 | 3 154.00 |
| 009 | 李大兵 | 销售部 | 4 700.00 | 3 500.00 | 1 200.00 | 400.00 | 0.00 | 5 100.00 | 376.00 | 376.00 | 94.00 | 47.00 | 893.00 | 4 207.00 | 21.21 | 914.21 | 4 185.79 |
| 010 | 周迪生 | 销售部 | 3 400.00 | 2 800.00 | 1 200.00 | 200.00 | 0.00 | 3 800.00 | 272.00 | 272.00 | 68.00 | 34.00 | 646.00 | 3 154.00 | 0.00 | 646.00 | 3 154.00 |
| 013 | 马金龙 | 生产车间 | 4 700.00 | 3 500.00 | 1 200.00 | 400.00 | 0.00 | 5 100.00 | 376.00 | 376.00 | 94.00 | 47.00 | 893.00 | 4 207.00 | 21.21 | 914.21 | 4 185.79 |

（续表）

| 编号 | 姓名 | 部门 | 上年平均工资 | 基本工资 | 奖金 | 津贴 | 请假扣款 | 应发合计 | 住房公积金(8%) | 养老保险(8%) | 医疗保险(2%) | 失业保险(1%) | 社保扣款合计 | 计税工资 | 代扣税 | 扣款合计 | 实发合计 |
|---|---|---|---|---|---|---|---|---|---|---|---|---|---|---|---|---|---|
| 014 | 邹偏亮 | 生产车间—饭盒组 | 2 800.00 | 2 000.00 | 600.00 | 600.00 | 0.00 | 3 200.00 | 224.00 | 224.00 | 56.00 | 28.00 | 532.00 | 2 668.00 | 0.00 | 532.00 | 2 668.00 |
| 015 | 刘玉海 | 生产车间—饭盒组 | 2 800.00 | 2 000.00 | 600.00 | 600.00 | 0.00 | 3 200.00 | 224.00 | 224.00 | 56.00 | 28.00 | 532.00 | 2 668.00 | 0.00 | 532.00 | 2 668.00 |
| 016 | 方建 | 生产车间—饭盒组 | 2 800.00 | 2 000.00 | 600.00 | 600.00 | 0.00 | 3 200.00 | 224.00 | 224.00 | 56.00 | 28.00 | 532.00 | 2 668.00 | 0.00 | 532.00 | 2 668.00 |
| 017 | 石建国 | 生产车间—饭盒组 | 2 800.00 | 2 000.00 | 600.00 | 600.00 | 200.00 | 3 000.00 | 224.00 | 224.00 | 56.00 | 28.00 | 532.00 | 2 468.00 | 0.00 | 532.00 | 2 468.00 |
| 018 | 张山 | 生产车间—密封盒组 | 2 800.00 | 2 000.00 | 600.00 | 600.00 | 0.00 | 3 200.00 | 224.00 | 224.00 | 56.00 | 28.00 | 532.00 | 2 668.00 | 0.00 | 532.00 | 2 668.00 |
| 019 | 李武 | 生产车间—密封盒组 | 2 800.00 | 2 000.00 | 600.00 | 600.00 | 0.00 | 3 200.00 | 224.00 | 224.00 | 56.00 | 28.00 | 532.00 | 2 668.00 | 0.00 | 532.00 | 2 668.00 |
| 020 | 刘建华 | 生产车间—密封盒组 | 2 800.00 | 2 000.00 | 600.00 | 600.00 | 0.00 | 3 200.00 | 224.00 | 224.00 | 56.00 | 28.00 | 532.00 | 2 668.00 | 0.00 | 532.00 | 2 668.00 |
| 021 | 钟俊雅 | 生产车间—密封盒组 | 2 800.00 | 2 000.00 | 600.00 | 600.00 | 50.00 | 3 150.00 | 224.00 | 224.00 | 56.00 | 28.00 | 532.00 | 2 618.00 | 0.00 | 532.00 | 2 618.00 |
| 022 | 胡欣 | 生产车间—水杯组 | 2 800.00 | 2 000.00 | 600.00 | 600.00 | 0.00 | 3 200.00 | 224.00 | 224.00 | 56.00 | 28.00 | 532.00 | 2 668.00 | 0.00 | 532.00 | 2 668.00 |
| 023 | 林森杰 | 生产车间—水杯组 | 2 800.00 | 2 000.00 | 600.00 | 600.00 | 400.00 | 2 800.00 | 224.00 | 224.00 | 56.00 | 28.00 | 532.00 | 2 268.00 | 0.00 | 532.00 | 2 268.00 |
| 024 | 周权 | 生产车间—水杯组 | 2 800.00 | 2 000.00 | 600.00 | 600.00 | 0.00 | 3 200.00 | 224.00 | 224.00 | 56.00 | 28.00 | 532.00 | 2 668.00 | 0.00 | 532.00 | 2 668.00 |
| 025 | 叶晓 | 生产车间—水杯组 | 2 800.00 | 2 000.00 | 600.00 | 600.00 | 0.00 | 3 200.00 | 224.00 | 224.00 | 56.00 | 28.00 | 532.00 | 2 668.00 | 0.00 | 532.00 | 2 668.00 |
| | 合　计 | | 88 400.00 | 67 400.00 | 20 000.00 | 11 000.00 | 850.00 | 97 550.00 | 7 072.00 | 7 072.00 | 1 768.00 | 884.00 | 16 796.00 | 80 754.00 | 243.04 | 17 039.04 | 80 510.96 |

审核：高山　　　　　制表：李一凡

表 4-2

**工资结算汇总表**

2014 年 12 月 15 日            单位:元

| 车间、部门 | | 基本工资 | 奖金 | 津贴 | 请假扣款 | 应付工资 | 代扣款项 | | | | | 实发工资 |
|---|---|---|---|---|---|---|---|---|---|---|---|---|
| | | | | | | | 基本养老保险(8%) | 失业保险(1%) | 基本医疗保险(2%) | 住房公积金(8%) | 个人所得税 | |
| 基本生产车间 | 生产饭盒工人 | 8 000.00 | 2 400.00 | 2 400.00 | 200.00 | 12 600.00 | 896.00 | 112.00 | 224.00 | 896.00 | 0 | 10 472.00 |
| | 生产密封盒工人 | 8 000.00 | 2 400.00 | 2 400.00 | 50.00 | 12 750.00 | 896.00 | 112.00 | 224.00 | 896.00 | 0 | 10 622.00 |
| | 生产水杯工人 | 8 000.00 | 2 400.00 | 2 400.00 | 400.00 | 12 400.00 | 896.00 | 112.00 | 224.00 | 896.00 | 0 | 10 272.00 |
| | 生产车间管理人员 | 3 500.00 | 1 200.00 | 400.00 | 0 | 5 100.00 | 376.00 | 47.00 | 94.00 | 376.00 | 21.21 | 4 185.79 |
| 销售人员 | | 6 300.00 | 2 000.00 | 600.00 | 0 | 8 900.00 | 648.00 | 81.00 | 162.00 | 648.00 | 21.21 | 7 339.79 |
| 行政管理人员 | | 33 600.00 | 9 600.00 | 2 800.00 | 200.00 | 45 800.00 | 3 360.00 | 420.00 | 840.00 | 3 360.00 | 200.62 | 37 619.38 |
| 合计 | | 67 400.00 | 20 000.00 | 11 000.00 | 850.00 | 97 550.00 | 7 072.00 | 884.00 | 1 768.00 | 7 072.00 | 243.04 | 80 510.96 |

审核:高山                                                       制单:李一凡

## 任务 4.2   工资分配的业务处理

**知识导航**

    小企业应当将本月发生的职工薪酬区分情况进行分配。

    按生产部门人员、车间管理人员、管理部门人员、销售部门人员的职工薪酬,分别借记"生产成本""制造费用""管理费用""销售费用"等科目,贷记"应付职工薪酬"科目。

    应由在建工程、无形资产开发项目负担的职工薪酬,借记"在建工程""研发支出"等科目,贷记"应付职工薪酬"科目。

## 活动 4.2.1 月终分配工资

### 活动背景

工资分配情境如图 4-3 所示。

> 发完工资了，我们还需要对工资进行分配，核算到有关成本费用中去，计算量比较大。

> 我都算好了，每个月的算法都基本一样，用电脑很快就算好了。

财务主管　　会计

图 4-3　工资分配情境图

### 活动资料

2014 年 12 月 31 日，分配工资，如表 4-3 所示。

表 4-3

#### 工资分配表

2014 年 12 月 31 日　　　　　　　　　　　　　　　单位:元

| 应借科目 | 部门 | 行政部 | 财务部 | 采购部 | 销售部 | 仓管 | 车间管理部 | 饭盒班组 | 密封盒班组 | 水杯班组 | 合计 |
|---|---|---|---|---|---|---|---|---|---|---|---|
| 生产成本 | 饭盒 | | | | | | | 12 600 | | | 12 600 |
| | 密封盒 | | | | | | | | 12 750 | | 12 750 |
| | 水杯 | | | | | | | | | 12 400 | 12 400 |
| 制造费用 | | | | | | | 5 100 | | | | 5 100 |
| 管理费用 | | 14 200 | 13 800 | 8 900 | | 8 900 | | | | | 45 800 |
| 销售费用 | | | | | 8 900 | | | | | | 8 900 |
| 合计 | | 14 200 | 13 800 | 8 900 | 8 900 | 8 900 | 5 100 | 12 600 | 12 750 | 12 400 | 97 550 |

审核:高山　　　　　　　　　　　　　　　　　　　制表人:李一凡

活动指导

企业应当根据职工提供服务的受益对象,对发生的职工薪酬进行处理:

借:生产成本——基本生产成本(饭盒) 12 600
　　　　　——基本生产成本(密封盒) 12 750
　　　　　——基本生产成本(水杯) 12 400
　　制造费用——工资 5 100
　　管理费用——工资 45 800
　　销售费用——工资 8 900
　　贷:应付职工薪酬——职工工资 97 550

##  任务4.3　企业缴纳社会保险费、住房公积金业务处理

知识导航

社会保险费是指企业在职工为其提供服务的会计期间,按照国家规定的基准和比例,根据工资总额的一定比例计算得出,并定期向社会保险经办机构缴纳的各项保险费用。其主要包括企业为职工缴纳的医疗保险费、养老保险费、失业保险费、工伤保险费、生育保险费等保险费。

住房公积金是指企业按照国家《住房公积金管理条例》规定的基准和比例计算,向住房公积金管理机构缴存的住房公积金。

企业对上述的"五险一金"应当按照国务院、所在地政府或企业年金计划规定的标准,按工资总额的一定比例计提。

企业计提的应由企业负担的"五险一金",其分配与工资分配的去向是一致的,计提时借记"生产成本""制造费用""管理费用""销售费用"等科目,贷记"应付职工薪酬——社会保险费""应付职工薪酬——住房公积金"科目,上缴时"五险一金"时,企业负担的部分借记"应付职工薪酬——社会保险费""应付职工薪酬——住房公积金"科目,个人负担的部分借记"其他应付款"科目,贷记"银行存款"科目。

## 活动 4.3.1 计提企业缴纳的"五险一金"

 **活动背景**

提取"五险一金"情境如图 4-4 所示。

图 4-4 提取"五险一金"情境图

 **活动资料**

12 月 31 日,计提企业负担的"五险一金",汇总表如表 4-4 所示。

表 4-4

### 企业计提社会保险费、住房公积金汇总表

2014 年 12 月 　　　　　　　　　　　　　　　　　单位:元

| 车间、部门 | | 社 会 保 险 费 | | | | | | 住房公积金(8%) | 合计 |
|---|---|---|---|---|---|---|---|---|---|
| | | 基本养老保险(20%) | 失业保险(2%) | 基本医疗保险(8%) | 工伤保险(0.5%) | 生育保险(0.5%) | 合计 | | |
| 生产车间人员 | 生产饭盒工人 | 2 240.00 | 224.00 | 896.00 | 56.00 | 56.00 | 3 472.00 | 896.00 | 4 368.00 |
| | 生产密封盒工人 | 2 240.00 | 224.00 | 896.00 | 56.00 | 56.00 | 3 472.00 | 896.00 | 4 368.00 |
| | 生产水杯工人 | 2 240.00 | 224.00 | 896.00 | 56.00 | 56.00 | 3 472.00 | 896.00 | 4 368.00 |
| | 车间管理人员 | 940.00 | 94.00 | 376.00 | 23.50 | 23.50 | 1 457.00 | 376.00 | 1 833.00 |
| 销售部门人员 | | 1 620.00 | 162.00 | 648.00 | 40.50 | 40.50 | 2 511.00 | 648.00 | 3 159.00 |
| 行政管理人员 | | 8 400.00 | 840.00 | 3 360.00 | 210.00 | 210.00 | 13 020.00 | 3 360.00 | 16 380.00 |
| 合　计 | | 17 680.00 | 1 768.00 | 7 072.00 | 442.00 | 442.00 | 27 404.00 | 7 072.00 | 34 476.00 |

审核:高山 　　　　　　　　　　　　　　　　　　　　　　　　制单:李一凡

企业提取的"五险一金",应分别不同情况进行处理:

（1）企业按生产部门人员、车间管理人员、管理部门人员、销售部门人员计提的"五险一金",借记"生产成本""制造费用""管理费用""销售费用"等科目,贷记"应付职工薪酬"科目。

（2）应由在建工程、无形资产开发项目负担的"五险一金",借记"在建工程""研发支出"等科目,贷记"应付职工薪酬"科目。

| | |
|---|---:|
| 借:生产成本——基本生产成本（饭盒） | 4 368 |
| ——基本生产成本（密封盒） | 4 368 |
| ——基本生产成本（水杯） | 4 368 |
| 制造费用 | 1 833 |
| 销售费用 | 3 159 |
| 管理费用 | 16 380 |
| 贷:应付职工薪酬——社会保险费 | 27 404 |
| ——住房公积金 | 7 072 |

## 活动 4.3.2　上缴社会保险费和住房公积金

### 活动背景

上缴"五险一金"情境如图 4-5 所示。

图 4-5　上缴"五险一金"情境图

### 活动资料

12月31日,上缴社会保险费和住房公积金,如表4-5和表4-6所示。

表 4-5

## 社会保险费电子转账凭证

凭证号:12553230

2014 年 12 月 31 日

凭证提交号:080348

| 付款人 | 全称 | 东莞市京贸塑料制品有限公司 | 收款人 | 全称 | 东莞市地方税务局东城分局 |
|---|---|---|---|---|---|
| | 账号 | 10560200040405555678 | | 账号 | 52000011003275 |
| | 开户行 | 中国建设银行东莞市建业支行 | | 开户行 | 东莞银行东城支行 |
| | 行号 | 10560200202 | | 行号 | 313602036017 |

| 金额 | 人民币叁万柒仟壹佰贰拾捌元整 | ￥37 128.00 |
|---|---|---|

| 摘要 | 代扣号:＊＊＊＊20 019,2014 年 12 月社保费 | | | 收款人开户银行盖章 |
|---|---|---|---|---|
| | 养老小计: 24 752.00 | 单位养老: 17 680.00 | 个人养老: 7 072.00 | |
| | 失业小计: 2 652.00 | 单位失业: 1 768.00 | 个人失业: 884.00 | 中国建设银行股份有限公司 |
| | 医疗小计: 8 840.00 | 单位医疗: 7 072.00 | 个人医疗: 1 768.00 东莞市分行建业支行 | |
| | 工伤小计: 442.00 | 单位工伤: 442.00 | ★ 2014.12.31 ★ | |
| | 生育小计: 442.00 | 单位生育: 442.00 | 个 计: 9 724.00 | |
| | 合 计: 37 128.00 | 合 计: 27 404.00 | 业务办理章 | |

| 备注 | 本凭证一式两联:第一联作开户银行的记账凭证,第二联交缴费单位作记账凭证。 | 转账时间:
11：30：10 |
|---|---|---|
| | 打印次数: | |

表 4-6

## 中国建设银行 China Construction Bank　广东省分行　住房公积金汇缴书

2014 年 12 月 31 日　　　　字第　　号

| 单位名称 | 东莞市京贸塑料制品有限公司 | | | 汇缴:2014 年 12 月份 | | | | | | | | | |
|---|---|---|---|---|---|---|---|---|---|---|---|---|---|
| 开户行 | 建行东莞市分行建业支行 | 单位账号 | 10560200040405555678 | 汇缴:25 人 | | | | | | | | | |
| 金额 | 人民币(大写):壹万肆仟壹佰肆拾肆元整 | | | 千 | 百 | 十 | 万 | 千 | 百 | 十 | 元 | 角 | 分 |
| | | | | | | ￥1 | 4 | 1 | 4 | 4 | 0 | 0 |

| 上次汇缴 | | 本次增加汇缴 | | 本次减少汇缴 | | 本次汇缴 | |
|---|---|---|---|---|---|---|---|
| 人数 | 金额 | 人数 | 金额 | 人数 | 金额 | 人数 | 金额 |
| 25 | | | | | | 25 | |

| 付款行 | 付款账号 | 支票号码 |
|---|---|---|
| 建行东莞市分行建业支行 | 10560200040405555678 | |

收款银行盖章

中国建设银行股份有限公司
东莞市分行建业支行
2014.12.31
票据受理专用章(15)
(收妥抵用)

第一联　银行盖章后退单位

活动指导

企业上缴"五险一金"时,企业负担的部分借记"应付职工薪酬——社会保险费"及"应付职工薪酬——住房公积金"科目,个人负担的部分借记"其他应付款"科目,贷记"银行存款"科目。

(1)缴纳社会保险费时,根据审核无误的社会保险费电子转账凭证编制会计分录:

借:其他应付款——基本养老保险 7 072
　　　　　　——基本医疗保险 1 768
　　　　　　——失业保险 884
　　应付职工薪酬——社会保险费 27 404
　贷:银行存款 37 128

(2)缴纳住房公积金时,根据审核无误的住房公积金汇缴书编制会计分录:

借:其他应付款——住房公积金 7 072
　　应付职工薪酬——住房公积金 7 072
　贷:银行存款 14 144

## 任务 4.4　计提工会经费、职工教育经费的业务处理

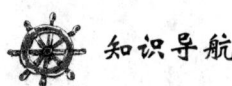

知识导航

工会经费和职工教育经费是指企业为了改善职工文化生活,为职工学习先进技术和提高文化水平和业务素质,用于开展工会活动和职工教育及职业技能培训等支出。企业应当在职工为其提供服务的会计期间,按工资总额的一定比例计提。

企业应当按照《企业财务通则》等相关财务规定,分别按照职工工资总额2%和1.5%的比例计提;从业人员技术要求高、培训任务重、经济效益好的企业,职工教育经费可根据国家相关规定,按照职工工资总额2.5%的比例计提。

## 活动 4.4.1　计提工会经费、职工教育经费

计提工会经费、职工教育经费情境如图 4-6 所示。

本月的工会经费、职工教育经费用都计提好了吗？

已计提好了，但还没进行账务处理呢，一会就可完成。

财务主管　　　会计

图 4-6　计提工会经费、职工教育经费情境图

12 月 31 日，计提工会经费、职工教育经费，如表 4-7 所示。

表 4-7

### 工会经费、职工教育经费计算表
*2014 年 12 月 31 日*

| 应借科目 | 工资总额 | 工会经费 | | 职工教育经费 | | 合　计 |
| --- | --- | --- | --- | --- | --- | --- |
| | | 计提比例 | 计提金额 | 计提比例 | 计提金额 | |
| 生产成本——饭盒 | 12 600.00 | 2% | 252.00 | 1.5% | 189.00 | 441.00 |
| 生产成本——密封盒 | 12 750.00 | 2% | 255.00 | 1.5% | 191.25 | 446.25 |
| 生产成本——水杯 | 12 400.00 | 2% | 248.00 | 1.5% | 186.00 | 434.00 |
| 制造费用 | 5 100.00 | 2% | 102.00 | 1.5% | 76.50 | 178.50 |
| 销售费用 | 8 900.00 | 2% | 178.00 | 1.5% | 133.50 | 311.50 |
| 管理费用 | 45 800.00 | 2% | 916.00 | 1.5% | 687.00 | 1 603.00 |
| 合　计 | 97 550.00 | 2% | 1 951.00 | 1.5% | 1 463.25 | 3 414.25 |

审核：高山　　　　　　　　　　　　　　　　　　　　　　　制表：李一凡

 **活动指导**

企业应当在"应付职工薪酬"账户下设置"工会经费"和"职工教育经费"明细账户对计提的工会经费、职工教育经费进行核算。

按生产部门(提供劳务)人员的职工薪酬计提的工会经费和职工教育经费,借记"生产成本""制造费用"等科目,贷记"应付职工薪酬"科目。

按管理部门人员的职工薪酬计提的工会经费和职工教育经费,借记"管理费用"科目,贷记"应付职工薪酬"科目。

按销售人员的职工薪酬计提的工会经费和职工教育经费,借记"销售费用"科目,贷记"应付职工薪酬"科目。

应由在建工程、无形资产开发项目负担的工会经费和职工教育经费,借记"在建工程""研发支出"等科目,贷记"应付职工薪酬"科目。

| | |
|---|---|
| 借:生产成本——基本生产成本(饭盒) | 441.00 |
| ——基本生产成本(密封盒) | 446.25 |
| ——基本生产成本(水杯) | 434.00 |
| 制造费用 | 178.50 |
| 管理费用 | 1 603.00 |
| 销售费用 | 311.50 |
| 贷:应付职工薪酬——工会经费 | 1 951.00 |
| ——职工教育经费 | 1 463.25 |

 **业务延伸**

例1:厂办人员报销培训费共计900元,库存现金付款。

| | |
|---|---|
| 借:应付职工薪酬——教育经费 | 900.00 |
| 贷:库存现金 | 900.00 |

 **单元练习**

**一、单项选择题**

1. 下列各项中,不属于应付职工薪酬核算内容的是( )。

A. 住房公积金

B. 工会经费和职工教育经费

C. 职工因工出差的差旅费

D. 因解除与职工的劳动关系给予的补偿

103

2. 小企业发生的职工福利费支出,不超过工资薪金总额(　　)的部分,准予在企业所得税税前扣除。

A. 14％ 　　　　B. 12％ 　　　　C. 2.5％ 　　　　D. 2％

3. 小企业应由生产产品负担的职工薪酬,计入(　　)。

A. 产品成本 　　　　　　　　　B. 劳务成本

C. 固定资产成本 　　　　　　　D. 无形资产成本

4. 小企业应由在建工程负担的职工薪酬,计入(　　)。

A. 产品成本 　　　　　　　　　B. 劳务成本

C. 固定资产成本 　　　　　　　D. 无形资产成本

5. 小企业为职工缴纳社会保险费,应当在职工为其提供服务的会计期间,按照国家规定的基准和比例,根据(　　)的一定比例计算。

A. 销售收入 　　　　　　　　　B. 利润总额

C. 工资总额 　　　　　　　　　D. 基本工资

6. 《小企业会计准则》和企业所得税法关于工会经费的拨缴比例分别是(　　)。

A. 2％ 2％ 　　　　B. 2％ 1.5％ 　　　　C. 1.5％ 2％ 　　　　D. 2.5％ 2％

7. 小企业从职工工资中代扣代缴的职工个人所得税,应借记的会计科目是(　　)。

A. "其他应付款" 　　　　　　　B. "应付职工薪酬"

C. "银行存款" 　　　　　　　　D. "应交税费——应交所得税"

8. 小企业支付工会经费和职工教育经费用于工会活动和职工培训,应借记的会计科目是(　　)。

A. "其他应付款" 　　　　　　　B. "应付职工薪酬"

C. "财务费用" 　　　　　　　　D. "管理费用"

9. 因解除与职工的劳动关系给予的补偿,应借记(　　)科目,贷记"应付职工薪酬"科目。

A. "在建工程" 　　B. "研发支出" 　　C. "销售费用" 　　D. "管理费用"

10. 小企业按照税法规定应代扣代缴的职工个人所得税,借记(　　)科目,贷记"应交税费——应交个人所得税"科目。

A. "管理费用" 　　　　　　　　B. "营业税金及附加"

C. "其他业务成本" 　　　　　　D. "应付职工薪酬"

二、多项选择题

1. 下列项目中,属于职工薪酬的有(　　)。

A. 职工工资、奖金、津贴和补贴

B. 失业保险费

C. 住房公积金

D. 因解除与职工的劳动关系给予的补偿

2. 按照《小企业会计准则》和企业所得税法规定,下列关于职工福利费,说法正确的有(    )。

A. 小企业职工福利费包括非货币性集体福利

B. 小企业给职工发放的节日补助应作为职工福利费管理

C. 小企业发生的职工福利费支出,不超过工资薪金总额14%的部分,准予在企业所得税税前扣除

D. 小企业职工福利费包括离退休人员统筹外费用

3. 按照《小企业会计准则》和企业所得税法规定,下列关于职工工资的处理,说法正确的有(    )。

A. 小企业应当在职工为其提供服务的会计期间,将应付的职工工资确认为负债,根据职工提供服务的受益对象进行分配

B. 工资总额由计时工资、计件工资、奖金、津贴和补贴、加班加点工资以及特殊情况下支付的工资(如因病、工伤、产假等特殊情况下,按比例支付的工资)组成

C. 企业按照股东大会、董事会、薪酬委员会或相关管理机构制定的工资薪金制度规定计入成本费用的工资薪金,准予在企业所得税税前扣除

D. 企业安置残疾人员的,在按照支付给残疾职工工资据实扣除的基础上,可以在计算应纳税所得额时按照支付给残疾职工工资的100%加计扣除

4. 下列关于职工薪酬的表述中,正确的有(    )。

A. 职工薪酬是指小企业为获得职工提供的服务而应付给职工的各种形式的报酬以及其他相关支出

B. 职工薪酬主要包括职工工资、职工福利费、住房公积金、非货币性福利等

C. 小企业应当在职工为其提供服务的会计期间,将应付的职工薪酬确认为负债,除因解除与职工的劳动关系给予的补偿外,应当根据职工提供服务的受益对象进行分配

D. 根据企业年金计划缴纳的补充养老保险费不属于职工薪酬

5. 下列关于职工薪酬的确认,说法正确的有(    )。

A. 应由生产产品负担的职工薪酬,计入产品成本

B. 应由在建工程负担的职工薪酬,计入建造固定资产成本

C. 应由提供劳务负担的职工薪酬,计入劳务成本

D. 应由无形资产负担的职工薪酬,计入当期损益

6. 下列关于职工薪酬的会计处理,正确的有(    )。

A. 生产部门人员的职工薪酬,借记"生产成本"科目,贷记"应付职工薪酬"科目

B. 管理部门人员的职工薪酬,借记"管理费用"科目,贷记"应付职工薪酬"科目

C. 因解除与职工的劳动关系给予的补偿,借记"生产成本"科目,贷记"应付职工薪酬"

科目

    D. 销售人员的职工薪酬,借记"销售费用"科目,贷记"应付职工薪酬"科目

### 三、判断题

1. 小企业为职工提供的交通、住房、通讯待遇,已经实行货币化改革的,按月按标准发放或支付的住房补贴、交通补贴或者车改补贴、通讯补贴,应作为职工福利费管理,应当纳入职工工资总额。　　　　　　　　　　　　　　　　　　　　　　　　　　(　　)

2. 离退休人员统筹外费用不属于小企业职工福利费的范围。　　　　　(　　)

3. 小企业发生的职工福利费支出,不超过工资薪金总额14%的部分,准予在企业所得税税前扣除。　　　　　　　　　　　　　　　　　　　　　　　　　(　　)

4. 小企业依照国务院有关主管部门或者省级人民政府规定的范围和标准为职工缴纳的基本养老保险费,准予在企业所得税税前扣除。　　　　　　　　　　　(　　)

5. 住房公积金不属于职工薪酬。　　　　　　　　　　　　　　　　(　　)

6.《小企业会计准则》与企业所得税法规定的职工教育经费的计提比例均为1.5%。
　　　　　　　　　　　　　　　　　　　　　　　　　　　　　　　(　　)

7. 大华公司2×13年按工资总额(假设等于工资薪金总额)的2.5%计提了职工教育经费86 000元,2×13年实际发生了90 000元,则在2×13年允许税前扣除的职工教育经费为86 000元,超过的4 000元,准予在以后纳税年度结转扣除。　　　　　(　　)

8. 应由生产产品、提供劳务负担的职工薪酬,计入当期损益。　　　　(　　)

9. 小企业因解除与职工的劳动关系给予的补偿,计入产品成本。　　　(　　)

10. 小企业支付工会经费,应借记"应付职工薪酬"科目,贷记"银行存款"等科目。
　　　　　　　　　　　　　　　　　　　　　　　　　　　　　　　(　　)

11. 小企业按照税法规定应代扣代缴的职工个人所得税,借记"应付职工薪酬"科目,贷记"应交税费——应交个人所得税"科目。　　　　　　　　　　　　　(　　)

### 四、业务题

1. 某企业某年工资总额50万元,其中:个人承担保险2万元、住房公积金1万元,个税2万元,实发工资45万元;公司承担保险5万元、住房公积金1万元。

要求:根据以上资料做计提工资、发放工资、交保险和个税时的会计分录。

2. 滨海公司为增值税一般纳税人,2014年12月发生下列经济业务:

(1) 10日,开出现金支票,从银行提取现金102 000元,用于支付本月职工工资。

(2) 16日,发生福利费180 000元。其中:生产部门人员福利费124 200元,车间管理人员福利费21 600元,行政管理人员福利费21 600元,专设销售机构人员福利费7 200元,基建部门人员福利费5 400元。(会计业务与税法关于福利费发生内容一致)

(3) 31日,分配本月工资:生产车间直接生产工人工资69 000元,车间管理人员工资12 000元,行政管理人员工资14 000元,专设销售机构人员工资4 000元,基建部门人员工

资3 000元。

(4) 31日,公司按照本月职工工资总额100 000元的10%、12%、2‰和10%分别计提医疗保险费、养老保险费、失业保险费和住房公积金。

要求:根据以上资料,编制相关业务的会计分录;作出相关业务的税务处理。

# 单元 5 非流动资产业务处理

## 学习目标

- 会固定资产增加的账务处理
- 会填写固定资产卡片
- 会计算固定资产折旧，编制固定资产折旧表，并进行账务处理
- 会进行固定资产日常修理的账务处理
- 会固定资产处置的账务处理
- 会固定资产清查的账务处理
- 会无形资产增加的账务处理
- 会无形资产摊销的账务处理
- 会无形资产出售的账务处理

非流动资产处理情境如图 5-1 所示。

图 5-1 非流动资产处理情境图

小企业的非流动资产是指流动资产以外的资产。

小企业的非流动资产包括：长期债券投资、长期股权投资、固定资产、生产性生物资产、无形资产、长期待摊费用等。

 **任务 5.1　固定资产业务处理**

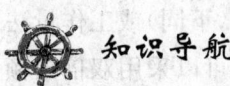

1. 固定资产概述

固定资产是指小企业为生产产品、提供劳务、出租或经营管理而持有的，使用寿命超过1年的有形资产。固定资产包括房屋、建筑物、机器、机械、运输工具、设备、器具、工具等。

小企业应当设置"固定资产"账户核算小企业固定资产的原价（成本）。该账户应按照固定资产类别和项目进行明细核算。小企业根据实际情况设置"固定资产登记簿"和"固定资产卡片"。

2. 固定资产的取得

固定资产应当按照成本进行计量。固定资产取得时的成本应当根据具体情况分别确定：

（1）外购固定资产的成本包括购买价款、相关税费、运输费、装卸费、保险费、安装费等，但不含按照税法规定可以抵扣的增值税进项税额。

属于增值税一般纳税人的小企业随固定资产购置发生的运费，在取得货物运费发票并经过认证后，按税法规定准予抵扣的部分直接借记"应交税费——应交增值税（进项税额）"科目，其余部分计入固定资产的价值。对于随固定资产购置发生的其他相关税费，计入固定资产的价值。

（2）自行建造固定资产的成本，由建造该项资产在竣工决算前发生的支出（含相关的借款费用）构成。

小企业在建工程在试运转过程中形成的产品、副产品或试车收入冲减在建工程成本。

（3）投资者投入固定资产的成本，应当按照评估价值和相关税费确定。

（4）盘盈固定资产的成本，应当按照同类或者类似固定资产的市场价格或评估价值，扣除按照该项固定资产新旧程度估计的折旧后的余额确定。

3. 固定资产折旧

（1）固定资产折旧概述。固定资产折旧是指小企业的固定资产由于磨损和损耗而逐渐转移的价值。

固定资产折旧是指在固定资产使用寿命内,按照确定的方法对应计折旧额进行系统分摊。应计折旧额是指应当计提折旧的固定资产的原价(成本)扣除其预计净残值后的金额。预计净残值是指固定资产预计使用寿命已满,小企业从该项固定资产处置中获得的扣除预计处置费用后的净额。已提足折旧是指已经提足该项固定资产的应计折旧额。

小企业应当根据固定资产的性质和使用情况,并考虑税法的规定,合理确定固定资产的使用寿命和预计净残值。固定资产的使用寿命、预计净残值一经确定,不得随意变更。

(2) 固定资产折旧的计提范围。小企业应当对所有固定资产计提折旧,但已提足折旧仍继续使用的固定资产和单独计价入账的土地不得计提折旧。

(3) 固定资产折旧的方法。小企业应当按照年限平均法(即直线法,下同)或工作量法计提折旧。小企业的固定资产由于技术进步等原因,确需加速折旧的,可以采用双倍余额递减法和年数总和法。

固定资产的折旧方法一经确定,不得随意变更。

4. 固定资产改建支出

固定资产的改建支出是指改变房屋或者建筑物结构、延长使用年限等发生的支出。

固定资产的改建支出,应当计入固定资产的成本,但已提足折旧的固定资产和经营租入的固定资产发生的改建支出应当计入长期待摊费用。

固定资产自行建造、更新改造和大修理项目支出核算的账户是"在建工程"账户。本账户按工程项目和外购工程物资设置明细账户。该账户借方登记投入在建工程的各项支出增加数;贷方登记工程竣工,固定资产交付使用的工程成本数及项目工程物资和退回工程款、退库材料的发生额;借方余额表示尚未竣工的在建工程的实际成本。

小企业对固定资产进行改扩建时,应当按照该项固定资产账面价值,借记"在建工程"科目,按照其已计提的累计折旧,借记"累计折旧"科目,按照其原价,贷记"固定资产"科目。在改扩建过程中发生的相关支出,借记"在建工程"科目,贷记相关科目。改扩建完成办理竣工决算,借记"固定资产"科目,贷记"在建工程"科目。

5. 固定资产的修理

固定资产修理可以分为日常修理和大修理两类。

固定资产的日常修理费,应当在发生时根据固定资产的受益对象计入相关资产成本或者当期损益。

固定资产大修理特点是:修理范围大、间隔时间长、修理次数少、一次的修理费用大。对摊销期限在 1 年以上的固定资产大修理费用,应当作为长期待摊费用处理。

6. 固定资产的处置

小企业固定资产处置包括固定资产出售、报废、毁损、对外投资等。

小企业应设置"固定资产清理"账户核算小企业因出售、报废、毁损、对外投资等原因处置固定资产所转出的固定资产账面价值以及在清理过程中发生的费用等。借方登记固定资产转入清理的净值和清理过程中发生的费用;贷方登记收回出售固定资产的价款、残料价值和变价收入。其贷方余额表示清理后的净收益;借方余额表示清理后的净损失。

7. 固定资产清查

小企业应定期或者至少于每年年末对固定资产进行清查盘点,以保证固定资产核算的真实性。在固定资产清查过程中,如果发现盘盈、盘亏的固定资产,应填制固定资产盘盈、盘亏报告表。清查固定资产的损溢,应及时查明原因,并按照规定程序报批处理。

(1)固定资产盘盈。小企业在财产清查中发现固定资产盘盈,应按照同类或类似固定资产的市场价格或评估价值扣除按照新旧程度估计的折旧后的余额,借记"固定资产"科目,贷记"待处理财产损溢——待处理非流动资产损溢"科目。

依据管理权限经批准后处理时,按照"待处理财产损溢——待处理非流动资产损溢"账户余额,借记"待处理财产损溢——待处理非流动资产损溢"科目,贷记"营业外收入"科目。

(2)盘亏的固定资产。小企业在财产清查中发现盘亏的固定资产,按照该项固定资产的账面价值,借记"待处理财产损溢——待处理非流动资产损溢"科目,按照已计提的折旧,借记"累计折旧"科目,按照其原价,贷记"固定资产"科目。

盘亏的固定资产,按照管理权限经批准后处理时,按照可收回的保险赔偿或过失人赔偿,借记"其他应收款"科目,按照"待处理财产损溢——待处理非流动资产损溢"账户余额,贷记"待处理财产损溢——待处理非流动资产损溢"科目,按照其借方差额,借记"营业外支出"科目。

## 活动 5.1.1　购入固定资产

 活动背景

购买设备情境如图 5-2 所示。

图 5-2　购买设备情境图

 活动资料

2014 年 12 月 26 日,公司购入自动打包机一台,已验收并直接投入使用,相关的单据收妥审核,出纳开出支票支付款项,如表 5-1 至表 5-3 所示。

**表 5-1**

## 中国建设银行
### 支票存根
10304420
10001121

附加信息

出票日期　2014 年 12 月 26 日

| | |
|---|---|
| 收款人: | 东莞市华上自动化设备有限公司 |
| 金　额: | ￥35 100.00 |
| 用　途: | 打包机款 |

单位主管　李明　　会计　李一凡

**表 5-2**

4400134620

## 广东增值税专用发票

No 05112239　　　　　　　　　　　　　　开票日期:2014 年 12 月 26 日

| 购买方 | 名　　称:东莞市京贸塑料制品有限公司<br>纳税人识别号:441911792915001<br>地址、电话:东莞市莞城区学院路 287 号　22662220<br>开户行及账号:建行东莞市分行建业支行<br>1056020040405555678 | 密码区 | （略） |
|---|---|---|---|

| 货物及应税劳务、服务名称 | 规格型号 | 单位 | 数量 | 单价 | 金额 | 税率 | 税额 |
|---|---|---|---|---|---|---|---|
| 自动打包机 | ZS-DB-504 | 台 | 1 | 30 000.00 | 30 000.00 | 17% | 5 100.00 |
| 合　计 | | | | | ￥30 000.00 | | ￥5 100.00 |

| 价税合计(大写) | ⊗叁万伍仟壹佰元整 | | （小写)￥35 100.00 |
|---|---|---|---|

| 销售方 | 名　　称:东莞市华上自动化设备有限公司<br>纳税人识别号:441911325526078<br>地址、电话:东莞市东城东路 58 号　07692262782<br>开户行及账号:中国建设银行东莞市分行东城支行<br>10560200705488634352 | 备注 | 东莞市华上自动化设备有限公司<br>441911325526078<br>发票专用章 |
|---|---|---|---|

收款人:陆金成　　　复核:张露　　　开票人:刘月平　　　销售方:(章)

第三联　发票联　购买方记账凭证

表5-3　　　　　　　　　　　　固定资产验收单　　　　　　　　　　　No：00325

2014 年 12 月 26 日　　　　　　　　　　金额单位：元

| 资产编号 | 资产名称 | 规格型号 | 单位 | 数量 | 设备价值或工程造价 | 设备基础及安装费用 | 附加费用 | 合计 |
|---|---|---|---|---|---|---|---|---|
| 03017 | 打包机 | ZS-DB-504 | 台 | 1 | 30 000.00 | 0 | 0 | ￥30 000.00 |
| | | | | | | | | |
| | | | | | | | | |

| 资产来源 | 外购 | 耐用年限 | 10 年 | 主要附属设备 |
|---|---|---|---|---|
| 制造日期 | | 估计残值 | 0 | |
| 制造日期及编号 | | 基本折旧率 | 10% | |
| 使用部门 | 生产车间 | 复杂系数 | | |

交验收主管部门：采购部　　　点交人：张成　　　接管主管部门：生产车间　　　接管人：马金龙

 **活动指导**

小企业购入（含以分期付款方式购入）不需要安装的固定资产，应当按照实际支付的购买价款、相关税费（不包括按照税法规定可抵扣的增值税进项税额）、运输费、装卸费、保险费等，借记"固定资产"科目，按照税法规定可抵扣的增值税进项税额，借记"应交税费——应交增值税（进项税额）"科目，贷记"银行存款"等科目。

根据审核无误的发票资料、固定资产验收单及支票存根，编制会计分录如下：

借：固定资产——打包机　　　　　　　　　　　　　　　　　　　　　30 000

　　应交税费——应交增值税（进项税额）　　　　　　　　　　　　　　5 100

　　贷：银行存款　　　　　　　　　　　　　　　　　　　　　　　　35 100

 **注意事项**

小企业购入需要安装的固定资产，应当按照实际支付的购买价款、相关税费（不包括按照税法规定可抵扣的增值税进项税额）、运输费、装卸费、保险费、安装费等，借记"在建工程"科目，按照税法规定可抵扣的增值税进项税额，借记"应交税费——应交增值税（进项税额）"科目，贷记"银行存款"等科目。待安装调试后验收合格投入使用，借记"固定资产"科目，贷记"在建工程"科目。

 **知识拓展**

小企业自行建造固定资产应先通过"在建工程"账户核算。自行建造固定资产完成竣工决算,按照竣工决算前发生相关支出,借记"固定资产"科目,贷记"在建工程"科目。

　　小企业取得投资者投入的固定资产,应当按照评估价值和相关税费,借记"固定资产"科目或"在建工程"科目,贷记"实收资本""资本公积"科目。

## 活动 5.1.2　计提固定资产折旧

 **活动背景**

　　计提折旧情境如图5-3所示。

图 5-3　计提折旧情境图

 **活动资料**

　　月末,公司需要对固定资产进行折旧,折旧方法采用年限平均法(即直线法),按固定资产类别分别计提折旧。公司固定资产折旧计算表如表5-4所示。

表 5-4

### 固定资产折旧计算表

2014 年 12 月　　　　　　　　　　　　　　　金额单位:元

| 车间、部门 | 生产设备 | | 办公设备 | | 小汽车 | | 折旧额 |
| --- | --- | --- | --- | --- | --- | --- | --- |
| | 原值 | 折旧额 | 原值 | 折旧额 | 原值 | 折旧额 | 合计 |
| 基本生产车间 | 2 490 000.00 | 19 920.00 | 7 200.00 | 115.20 | | | 20 035.20 |
| 销售部门 | | | 19 520.00 | 312.32 | | | 312.32 |
| 行政管理部门 | | | 48 000.00 | 768.00 | 180 000.00 | 2 880.00 | 3 648.00 |
| 合　　计 | 2 490 000.00 | 19 920.00 | 74 720.00 | 1 195.52 | 180 000.00 | 2 880.00 | 23 995.52 |

审核:高山　　　　　　　　　　　　　　　　　　　　　　制表:李一凡

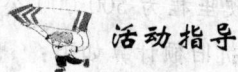
**活动指导**

小企业采用年限平均法计算折旧的公式如下：

$$折旧总额＝原值×(1－预计净残值率)$$
$$年折旧额＝折旧总额÷预计使用年限$$
$$月折旧额＝年折旧额÷12$$

其中：

$$预计净残值率＝预计净残值÷原值$$
$$预计净残值＝预计残值收入－预计清理费用$$

例如，上述购买的打包机原值为 30 000 元，预计净残值率为 4%，预计使用年限为 10 年，月折旧额计算过程如下：

$$折旧总额＝原值×(1－4\%)$$
$$＝30\ 000×(1－4\%)$$
$$＝28\ 800(元)$$
$$年折旧额＝折旧总额/预计使用年限$$
$$＝28\ 800÷10＝2\ 880(元)$$
$$月折旧额＝2\ 880÷12＝240(元)$$

小企业应当按月计提折旧，当月增加的固定资产，当月不计提折旧，从下月起计提折旧；当月减少的固定资产，当月仍计提折旧，从下月起不再计提折旧。固定资产的折旧费应当根据固定资产的受益对象计入相关资产成本或者当期损益。在实际工作中，固定资产折旧是通过编制"固定资产折旧计算表"进行计算的。

小企业按月计提固定资产的折旧费，应当按照固定资产的受益对象，借记"制造费用""管理费用"等科目，贷记"累计折旧"科目。

会计人员根据审核无误的折旧计算表，编制会计分录如下：

| | |
|---|---:|
| 借：制造费用——折旧费 | 20 035.20 |
| 　　管理费用——折旧费 | 3 648.00 |
| 　　销售费用——折旧费 | 312.32 |
| 　贷：累计折旧 | 23 995.52 |

**业务延伸**

工作量法，是根据实际工作量计提固定资产折旧额的一种方法。计算公式为：

$$单位工作量折旧额＝[原值×(1－预计净残值率)]÷预计总工作量$$
$$某项固定资产月折旧额＝该项固定资产当月工作量×单位工作量折旧额$$

例1：新欣有限公司有一辆运输汽车，原价 200 000 元，预计总行驶里程为 500 000 公里，预计报废时的净残值率为 6%。本月行驶 3 000 公里。该辆汽车月折旧额计算如下：

$$单位里程折旧额＝200 000×(1-6\%)÷500 000＝0.376(元/公里)$$
$$本月折旧额＝3 000×0.376＝1 128(元)$$

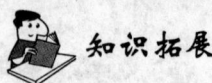 **知识拓展**

小企业的固定资产由于技术进步等原因，确需加速折旧的，可以采用双倍余额递减法和年数总和法。

1. 双倍余额递减法

双倍余额递减法是在不考虑固定资产预计净残值的情况下，根据每年年初固定资产的账面净值和双倍于年限平均法下的折旧率计算固定资产折旧额的一种方法，也是一种加速折旧法。计算公式为：

$$年折旧率＝2÷预计使用年限×100\%$$
$$年折旧额＝年初固定资产账面净值×年折旧率$$

由于双倍余额递减法不考虑固定资产的预计净残值，因此，在使用该法时应注意不能使固定资产的年初账面净值降低到其预计净残值以下，即应当在固定资产预计使用年限到期前两年内，将固定资产年初账面净值扣除预计净残值后的余额平均摊销。

2. 年数总和法

年数总和法是将固定资产的原值减去预计净残值后的差额再乘以一个逐年递减的折旧率计算确定固定资产折旧额的一种计算方法，是一种加速折旧方法。逐年递减的折旧率的分子代表固定资产年初尚可使用的年限；分母代表使用年数的逐年数字之和。假定预计使用年限为 $n$ 年，分母即为 $1＋2＋3＋\cdots＋n＝n×(n＋1)÷2$。其折旧的计算公式如下：

$$年折旧率＝\frac{年初尚可使用年限}{年数总和}×100\%$$

或者：

$$年折旧率＝\frac{预计使用年限-已使用年限}{预计使用年限×(预计使用年限+1)÷2}×100\%$$
$$年折旧额＝(固定资产原值-预计净残值)×年折旧率$$

## 活动 5.1.3　支付固定资产日常维修费用

 活动背景

日常维护情境如图 5-4 所示。

公司生产线又进行了维护保养，支付了设备维修费。

日常维护是必要的，能保证设备正常运转，延长使用寿命。

出纳　　　　　会计

图 5-4　日常维护情境图

 活动资料

2014 年 12 月 18 日，公司请东莞信达修理修配公司对饭盒第一生产线进行日常维修，并用库存现金支付维修费，如表 5-5 所示。

表 5-5

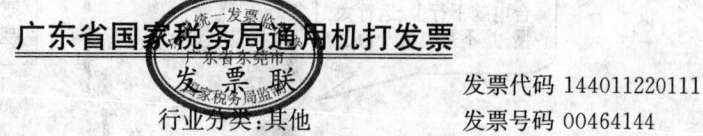

### 广东省国家税务局通用机打发票

发票联

发票代码 144011220111

开票日期：2014-12-18　　　　　行业分类：其他　　　　发票号码 00464144

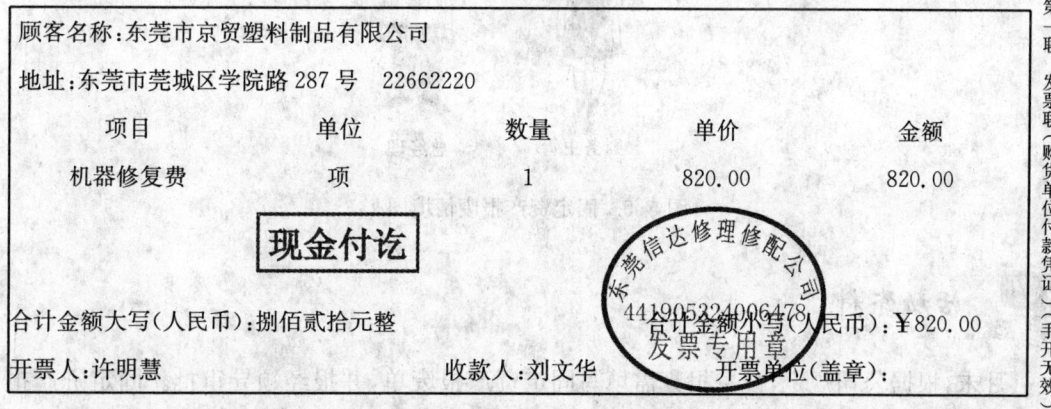

| 项目 | 单位 | 数量 | 单价 | 金额 |
|---|---|---|---|---|
| 机器修复费 | 项 | 1 | 820.00 | 820.00 |

现金付讫

合计金额大写（人民币）：捌佰贰拾元整　　　　　　　　　合计金额小写（人民币）：￥820.00

开票人：许明慧　　　　　　　　收款人：刘文华　　　　　　开票单位（盖章）：

顾客名称：东莞市京贸塑料制品有限公司
地址：东莞市莞城区学院路 287 号　22662220

查验发票及查询发票防伪措施请登陆广东省国家税务局网址 http://portal.gd-n-tax.gov.cn　（本发票合计金额超过拾万元无效）

 **活动指导**

小企业固定资产的日常修理费,应当在发生时按受益对象分别借记"制造费用""管理费用""销售费用"等科目,贷记"库存现金""银行存款"等科目。

根据审核无误的维修发票,编制会计分录如下:

借:制造费用——修理费      820
    贷:库存现金      820

 **注意事项**

小企业固定资产的日常修理,如果由车间内部人员完成,也应当在发生时按受益对象分别借记"制造费用""管理费用""销售费用"等科目,贷记"库存现金""原材料""应付职工薪酬"等科目。

## 活动 5.1.4 固定资产报废清理

 **活动背景**

固定资产报废情境如图 5-5 所示。

图 5-5 固定资产报废情境图

 **活动资料**

月末,根据公司规定,设备报废需填写固定资产报废单,并报经领导审批。固定资产报废单如表 5-6 所示。

表 5-6

## 固定资产报废单

部门：行政部                    报废日期：2014 年 12 月 31 日

| 固定资产名称 | 电脑 | 设备编号 | 4011 |
|---|---|---|---|
| 规格型号 | 联想天逸 | 原值 | 7 200.00 |
| 投入使用日期 | 2010 年度 12 月 30 日 | 已提折旧 | 5 529.60 |
| 报废原因 | 设备陈旧过时，运行速度慢<br><br>部门负责人签字：刘明 | | |
| 鉴定意见 | 建议报废<br><br>鉴定人员签字：李刚 | | |
| 公司审批意见 | 同意报废<br><br>签字：李明 | | |

经办人：朱梅颖

 活动指导

小企业应设置"固定资产清理"账户核算小企业因出售、报废、毁损、对外投资等原因处置固定资产所转出的固定资产账面价值以及在清理过程中发生的费用等。

（1）小企业因出售、报废、毁损等原因处置固定资产，应当按照该项固定资产的账面价值，借记"固定资产清理"科目，按照其已计提的累计折旧，借记"累计折旧"科目，按照其原价，贷记"固定资产"科目。

同时，按照税法规定不得从增值税销项税额中抵扣的进项税额，借记"固定资产清理"科目，贷记"应交税费——应交增值税（进项税额转出）"科目。

（2）清理过程中应支付的相关税费及其他费用，借记"固定资产清理"科目，贷记"银行存款""应交税费"等科目。取得出售固定资产的价款、残料价值和变价收入等处置收入，借记"银行存款""原材料"等科目，贷记"固定资产清理"科目。应由保险公司或过失人赔偿的损失，借记"其他应收款"等科目，贷记"固定资产清理"科目。

（3）固定资产清理完成后，如为借方余额，借记"营业外支出——非流动资产处置净损

失"科目,贷记"固定资产清理"科目。如为贷方余额,借记"固定资产清理"科目,贷记"营业外收入——非流动资产处置净收益"科目。

通常,小企业的营业外支出应当在发生时按照其发生额计入当期损益。

根据审核无误固定资产报废单,编制会计分录如下(假定该报废电脑没有残值收入):

(1) 将固定资产转入清理:

借:固定资产清理      1 670.40
  累计折旧      5 529.60
  贷:固定资产      7 200.00

(2) 结转固定资产清理后的净损失:

借:营业外支出 ——非流动资产处置净损失      1 670.40
  贷:固定资产清理      1 670.40

**业务延伸**

**出售固定资产的业务处理**

例2:永新公司出售机器设备一台,原价70 000元,已提折旧10 000元,双方确认的设备评估价值为50 000元,收到款项58 500元,支付清理费用3 000元,有关收入、支出均通过银行办理结算。该企业账务处理如下:

(1) 固定资产转入清理时:

借:固定资产清理      60 000
  累计折旧      10 000
  贷:固定资产      70 000

(2) 收到出售价款时:

借:银行存款      58 500
  贷:固定资产清理      50 000
    应交税费——应交增值税(销项税额)      8 500

(注:根据我国现行增值税暂行条例规定,企业销售自己使用过的2009年1月1日以后购入或者自制的固定资产,按照适用率征收增值税;销售自己使用过的2008年12月31日以前购进或自制的固定资产,按照4%征收率减半征收增值税。)

(3) 支付清理费用:

借:固定资产清理      3 000
  贷:银行存款      3 000

(4) 结转固定资产清理后的净损失:

借:营业外支出——非流动资产处置净损失　　　　　　　　　　　　　　　　13 000
　　贷:固定资产清理　　　　　　　　　　　　　　　　　　　　　　　　　　 13 000

## 任务 5.2　无形资产业务处理

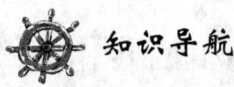

1. 无形资产概述

无形资产是指小企业为生产产品、提供劳务、出租或经营管理而持有的、没有实物形态的可辨认非货币性资产。

小企业的无形资产包括土地使用权、专利权、商标权、著作权、非专利技术等。小企业无形资产应按取得时的实际成本入账。

2. 无形资产取得的核算

(1) 外购无形资产。小企业外购无形资产,应当按照实际支付的购买价款、相关税费和相关的其他支出(含相关的利息费用),借记"无形资产"科目,贷记"银行存款""应付利息"等科目。

(2) 接受投资者投入无形资产。小企业收到投资者投入的无形资产,应当按照评估价值和相关税费,借记"无形资产"科目,贷记"实收资本""资本公积"科目。

(3) 自行开发的无形资产。自行开发的无形资产的成本,由符合资本化条件后至达到预定用途前发生的支出(含相关的借款费用)构成。小企业应设置"研发支出"账户核算研究与开发无形资产过程中发生的各项支出,按照研究开发项目,分别"费用化支出""资本化支出"进行明细核算。

小企业自行研究开发无形资产发生的研发支出,不满足资本化条件的,借记"研发支出——费用化支出"科目,满足资本化条件的,借记"研发支出——资本化支出"科目,贷记"原材料""银行存款""应付职工薪酬""应付利息"等科目。

研究开发项目达到预定用途形成无形资产的,应按"研发支出——资本化支出"账户的余额,借记"无形资产"科目,贷记"研发支出——资本化支出"科目。

月末,应将"研发支出"账户归集的费用化支出金额转入"管理费用"账户,借记"管理费用"科目,贷记"研发支出——费用化支出"科目。

(4) 购入土地使用权。小企业自行开发建造厂房等建筑物,外购土地及建筑物支付的价款应当在建筑物与土地使用权之间按照合理的方法进行分配,其中属于土地使用权的部分,借记"无形资产"科目,贷记"银行存款"等科目。

3. 无形资产出租

小企业出租无形资产取得的租金收入,借记"银行存款"等科目,贷记"其他业务收入"等科目;计提出租无形资产摊销额时,借记"其他业务成本"科目,贷记"累计摊销"等科目。

4. 无形资产摊销

(1)无形资产的摊销方法及其摊销期限的确定。无形资产应当在其使用寿命内采用年限平均法进行摊销,自其可供使用时开始至停止使用或出售时止,根据其受益对象计入相关资产成本或者当期损益。按有关法律规定或合同约定了使用年限分期摊销,不能可靠估计无形资产使用寿命的,摊销期不得低于10年。

(2)无形资产摊销的账务处理。小企业应设置"累计摊销"账户,核算计提的累计摊销。该账户应按照无形资产项目进行明细核算。

小企业按月采用年限平均法计提的无形资产摊销,应当按照无形资产的受益对象,借记"制造费用""管理费用"等科目,贷记"累计摊销"科目,处置无形资产时还应同时结转累计摊销。

5. 无形资产处置

小企业因出售、报废、对外投资等原因处置无形资产,应当按照取得的出售无形资产的价款等处置收入,借记"银行存款"等科目,按照其已计提的累计摊销,借记"累计摊销"科目,按照应支付的相关税费及其他费用,贷记"应交税费——应交营业税""银行存款"等科目,按照其成本,贷记"无形资产"科目,按照其差额,贷记"营业外收入——非流动资产处置净收益"科目或借记"营业外支出——非流动资产处置净损失"科目。

## 活动 5.2.1 无形资产摊销

 活动背景

无形资产摊销情境如图5-6所示。

图 5-6 无形资产摊销情境图

 **活动资料**

月末,对公司的无形资产进行摊销,会计人员按照年限平均法计算出当月各项无形资产的摊销金额,并编制无形资产摊销计算表,如表 5-7 所示。

表 5-7

### 无形资产摊销计算表

2014 年 12 月 31 日                                                                单位:元

| 项目名称 | 使用部门 | 增加方式 | 原值 | 开始使用日期 | 可使用年限 | 上月止累计摊销金额 | 本月增加 | 本月减少 | 本月摊销额 | 本月止累计摊销金额 |
|---|---|---|---|---|---|---|---|---|---|---|
| 非专利技术 | 生产部门 | 外购 | 120 000.00 | 2014 年 8 月 | 10 | 4 000.00 | | | 1 000.00 | 5 000.00 |
| | | | | | | | | | | |
| | | | | | | | | | | |
| 合计 | | | 120 000.00 | | 10 | 4 000.00 | | | 1 000.00 | 5 000.00 |

复核:高山                                                                制单:李一凡

 **活动指导**

小企业在对无形资产进行摊销计算时,应注意无形资产的增减变化情况,当月增加的无形资产当月开始摊销,当月减少的无形资产当月停止摊销。因此在计算时应把当月增加的无形资产列入摊销计算,当月减少的无形资产不需要列入摊销计算。

小企业按月采用年限平均法计提的无形资产摊销,应当按照无形资产的受益对象,借记"制造费用""管理费用"等科目,贷记"累计摊销"科目。

根据审核无误的无形资产摊销计算表,编制会计分录如下:

借:制造费用——无形资产摊销                                                    1 000
　　贷:累计摊销                                                                1 000

 **单元练习**

**一、单项选择题**

1. 购入机器设备所支付的增值税,应(　　　　)。

A. 记作进项税额予以抵扣　　　　　　B. 计入所购固定资产成本

C. 记作已交税金予以抵扣　　　　　　D. 计入企业经营成本

2. 企业购入需要安装的固定资产,不论采用何种安装方式,固定资产的全部安装成本(包括固定资产买价、包装运杂费和安装费等)均应通过(　　　　)账户进行核算。

A. "固定资产"　　B. "在建工程"　　C. "工程物资"　　D. "长期投资"

3. 某企业购入机器一台，实际支付价款 85 000 元，增值税进项税额 14 450 元，支付包装费 1 500 元，安装费 1 000 元，则该企业设备入账的原值为(　　)元。

A. 87 500　　　　B. 99 450　　　　C. 101 845　　　　D. 101 950

4. 一项不动产以 20 000 元价格转让出售。该固定资产已提折旧 25 000 元，出售时获得净收益 4 000 元，发生清理费用 1 000 元，则该项固定资产的原值为(　　)元。

A. 40 000　　　　B. 41 000　　　　C. 39 000　　　　D. 35 000

5. 计提固定资产折旧时，可以先不考虑固定资产残值的方法是(　　)。

A. 年限平均法　　　　　　　　　B. 工作量法

C. 双倍余额递减法　　　　　　　D. 年数总和法

6. 固定资产清理结束后，应将净损失转入(　　)账户。

A. "管理费用"　　B. "制造费用"　　C. "营业外支出"　　D. "营业外收入"

7. 购入需要安装的固定资产应先通过(　　)账户。

A. "固定资产"　　B. "在建工程"　　C. "工程物资"　　D. "累计折旧"

8. 接受投资的固定资产应按(　　)入账。

A. 固定资产原值　　　　　　　　B. 固定资产的账面折余价值

C. 投资各方确认的价值　　　　　D. 以上任选

9. 与年限平均法相比，采用年数总和法对固定资产计提折旧将使(　　)。

A. 计提折旧的初期，企业利润减少，固定资产净值减少

B. 计提折旧的初期，企业利润减少，固定资产原值减少

C. 计提折旧的后期，企业利润减少，固定资产净值减少

D. 计提折旧的后期，企业利润减少，固定资产原值减少

10. 某企业 2012 年 12 月 31 日购入一台设备，入账价值 90 万元，预计使用年限 5 年，预计净残值 6 万元，按年数总和法计算折旧。该设备 2014 年计提的折旧额为(　　)万元。

A. 16.8　　　　B. 21.6　　　　C. 22.4　　　　D. 24.0

二、多项选择题

1. 可以构成固定资产(动产)价值的内容有(　　)。

A. 安装成本　　　　　　　　　　B. 融资租入固定资产的设备价款

C. 支付的增值税　　　　　　　　D. 运杂费和包装费

2. 固定资产在购建时需记入"在建工程"账户的有(　　)。

A. 不需安装的固定资产　　　　　B. 需要安装的固定资产

C. 固定资产的改扩建　　　　　　D. 费用化的后续支出

3. 外购固定资产(动产)发生(　　)支出应计入固定资产成本。

A. 实际支付的买价　　　　　　　B. 实际支付的运输费

C. 实际支付的增值税　　　　　　　D. 实际支付的前欠价款

4. 通过"固定资产清理"账户核算的业务有(　　　)。

A. 出售固定资产　　　　　　　　　B. 固定资产报废

C. 固定资产毁损　　　　　　　　　D. 固定资产盘盈

5. 固定资产清理后的净收益的处理,不会涉及的贷方会计科目有(　　　)。

A. "固定资产清理"　　　　　　　　B. "营业外收入"

C. "管理费用"　　　　　　　　　　D. "营业外支出"

6. 固定资产清理后的净损失的处理,不会涉及的借方会计科目有(　　　)。

A. "固定资产清理"　　　　　　　　B. "营业外收入"

C. "管理费用"　　　　　　　　　　D. "营业外支出"

7. 计提折旧核算可能的借方科目有(　　　)。

A. "制造费用"　　　　　　　　　　B. "管理费用"

C. "财务费用"　　　　　　　　　　D. "其他业务成本"

8. 第一年提取折旧时,就需要考虑固定资产净残值的折旧方法有(　　　)。

A. 年限平均法　　　　　　　　　　B. 工作量法

C. 双倍余额递减法　　　　　　　　D. 年数总和法

9. 双倍余额递减法和年数总和法的共同点有(　　　)。

A. 属于加速折旧法　　　　　　　　B. 每期折旧率固定

C. 前期折旧高,后期折旧低　　　　D. 不考虑净残值

10. 现行企业会计准则允许使用的加速折旧方法主要有(　　　)。

A. 年限平均法　　　　　　　　　　B. 工作量法

C. 年数总和法　　　　　　　　　　D. 双倍余额递减法

### 三、判断题

1. 企业对经营租入和融资租入的固定资产均不拥有所有权,故租入时均不必进行账务处理,只需在备查簿中进行登记。　　　　　　　　　　　　　　　　　(　　)

2. 购置的不需要经过建造过程即可使用的固定资产,其入账价值不应包括安装成本这一支出。　　　　　　　　　　　　　　　　　　　　　　　　　　　(　　)

3. 企业一般按月计提折旧,当月增加的当月照提,当月减少的当月不提。　(　　)

4. 已达到预订可使用状态的固定资产,无论是否交付使用,都应计提折旧。　(　　)

5. 无论固定资产是融资租入还是经营租入,其租入方均需计提折旧。　　(　　)

6. 固定资产的后续支出,包括企业对固定资产进行维护、改建、扩建、或者改良等所发生的支出。　　　　　　　　　　　　　　　　　　　　　　　　　　(　　)

7. 对于经营租入的固定资产计提的折旧,应借记"销售费用"账户。　　(　　)

8. 工作量法计提折旧的特点是每年提取的折旧额相等。　　　　　　　(　　)

9. 年数总和法是一种不考虑固定资产净残值的快速折旧方法。 （    ）

10. 固定资产盘亏应通过"待处理财产损溢"账户。 （    ）

**四、实务题**

1. 某企业发生以下经济业务：

（1）购入不需要安装的机床一台，价税款 99 450 元，包装费 6 000 元，款项已支付，机床已交付生产车间使用。（假设增值税税率为 17%）

（2）企业开出转账支票一张，购入一台需要安装的生产设备，买价 250 000，增值税税额 42 500 元，包装费 4 500 元。该设备由供货商负责安装，安装费为 2 600 元。

（3）上述需要安装的生产设备安装完毕，交生产车间使用。

（4）收到某投资者投入的大型设备一台，该设备账面原值 1 000 000 元，已提折旧 250 000 元，经评估确认价值 650 000 元，投资双方同意评估价值确认投资额。（假设增值税税率为 17%）

要求：根据上述资料分别编制会计分录。

2. 2014 年 11 月，长江公司购入一台设备，当月投入使用。该设备的原值为 158 000 元，预计使用年限为 5 年，预计净残值为 8 000 元。

要求：分别采用年数总和法、双倍余额递减法列式计算各年的折旧率和折旧额。

3. 某企业发生以下经济业务：

（1）出售不需用机床一台，原值 90 000 元，已计提折旧 4 000 元，出售过程中发生拆卸费 500 元，以银行存款支付。双方协议价款 88 000 元，款项已存入银行。

（2）企业因自然灾害损毁一幢楼房，原值 500 000 元，已计提折旧 100 000 元；发生清理费用 18 000 元，以银行存款支付；收到保险公司赔款 250 000 元存入银行。

要求：根据上述资料分别编制相关会计分录。

# 单元6　销售业务处理

 **学习目标**

- 了解销售产品方式与收入的确认
- 会正确计算产品销售收入，并进行账务处理
- 能正确处理现金折扣的账务处理

销售业务情境如图6-1所示。

图6-1　销售业务情境图

销售商品是小企业的日常活动之一，是小企业收入的主要来源。收入是指小企业在日常生产经营活动中形成的、会导致所有者权益增加、与所有者投入资本无关的经济利益的总流入。

按收入产生的来源分为销售商品收入、提供劳务收入和让渡资产使用权收入。

按小企业经营业务的主次分为主营业务收入和其他业务收入。

## 任务 6.1 产品销售业务处理

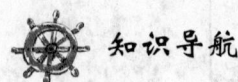

销售商品是指小企业销售商品或产成品取得的收入的业务。

1. 销售商品确认收入的时间

通常小企业应当在发出商品且收到货款或取得收款权利时,确认销售商品收入。下列商品销售,通常按规定的时点确认为收入:

(1)销售商品采用托收承付方式的,在办妥托收手续时确认收入。

(2)销售商品采取预收款方式的,在发出商品时确认收入。

(3)销售商品采用分期收款方式的,在合同约定的收款日期确认收入。

(4)销售商品需要安装和检验的,在购买方接受商品以及安装和检验完毕时确认收入。安装程序比较简单的,可在发出商品时确认收入。

(5)销售商品采用支付手续费方式委托代销的,在收到代销清单时确认收入。

(6)销售商品以旧换新的,销售的商品作为商品销售处理,回收的商品作为购进商品处理。

(7)采取产品分成方式取得的收入,在分得产品之日按照产品的市场价格或评估价值确定销售商品收入金额。

2. 通常情况下销售商品收入的会计处理

小企业应设置"主营业务收入"账户核算小企业确认的销售商品或提供劳务等主营业务的收入,该账户应按照主营业务的种类进行明细核算。

"主营业务收入"账户贷方登记企业在销售商品、提供劳务及让渡资产使用权等日常活动中所产生的收入,借方登记期末结转至"本年利润"账户的收入,该账户结转后无余额。

3. 销售商品涉及现金折扣、商业折扣、销售折让、销售退回的处理

(1)销售商品涉及现金折扣的处理。现金折扣是指债权人为鼓励债务人在规定的期限内付款而向债务人提供的债务扣除。

小企业销售商品涉及现金折扣的,应当按照扣除现金折扣前的金额确定销售商品收入金额。现金折扣应当在实际发生时,计入当期损益(财务费用)。

(2)销售商品涉及商业折扣的处理。商业折扣是指小企业为促进商品销售而在商品标价上给予的价格扣除。

小企业销售商品涉及商业折扣的,应当按照扣除商业折扣后的金额确定销售商品收入金额。

（3）销售商品发生销售折让的处理。销售折让是指小企业因售出商品的质量不合格等原因而在售价上给予的减让。

小企业已经确认销售商品收入的售出商品发生的销售折让,应当在发生时冲减当期销售商品收入。

（4）销售商品发生销售退回的处理。销售退回是指小企业售出的商品由于质量、品种不符合要求等原因发生的退货。

小企业已经确认销售商品收入的售出商品发生的销售退回(不论属于本年度还是属于以前年度的销售),应当在发生时冲减当期销售商品收入。

4. 应收账款核算

小企业发生销售时未收回的款项记入"应收账款"科目的借方,收回应收款项时贷记"应收账款"科目。小企业会因特殊原因而无法收回应收账款,需要对应收账款作坏账损失处理,如果已确认坏账损失的应收账款又收回则需要作营业外收入处理。

## 活动 6.1.1  销售产品同时收到款项

 **活动背景**

销售收款情境如图 6-2 所示。

东莞市百家百货有限公司的销售货款,对方已开支票送过来了,你去银行办理一下进账手续吧。

哦,百家百货一向都这么及时付款的,我现在去银行办理吧。

会计　　　出纳

图 6-2　销售收款情境图

 **活动资料**

2014 年 12 月 5 日,向东莞市百家百货有限公司销售饭盒,相关单据如表 6-1 至表 6-3 所示。

表 6-1

4400134140

# 广东省增值税专用发票

此联不作报销、扣税凭证使用　　　　　No 45720137

开票日期:2014 年 12 月 05 日

| 购买方 | 名　　称:东莞市百家百货有限公司<br>纳税人识别号:441911792915101<br>地 址 、电 话:东莞市南城区宏图大道 19 号　26980233<br>开户行及账号:中国工商银行东莞市分行新基支行<br>　　　　　　00301101222233333444 | 密码区 | 32601476/>+<33321<-<　加密版<br>本:03<br>＊＋−−457−</321<−21−15<br>3541631276<br>＊ −3−78＞379243341<7+0<br>12185771<br>3/91/479＞＞−＞00＞＞<1<br>2181215 |
| --- | --- | --- | --- |

| 货物或应税劳务、服务名称 | 规格型号 | 单位 | 数量 | 单价 | 金额 | 税率 | 税额 |
| --- | --- | --- | --- | --- | --- | --- | --- |
| 饭盒 | | 个 | 6 000 | 18.00 | 108 000.00 | 17% | 18 360.00 |
| 合　　计 | | | | | ￥108 000.00 | | ￥18 360.00 |

| 价税合计(大写) | ⊗壹拾贰万陆仟叁佰陆拾元整 | (小写)￥126 360.00 |
| --- | --- | --- |

| 销售方 | 名　　称:东莞市京贸塑料制品有限公司<br>纳税人识别号:441911792915001<br>地 址 、电 话:东莞市莞城区学院路 287 号　22662220<br>开户行及账号:中国建设银行东莞市分行建业支行<br>　　　　　　1056020040405555678 | 备注 | 东莞市京贸塑料制品有限公司<br>441911792915001<br>发票专用章 |
| --- | --- | --- | --- |

收款人:张晴　　　　复核:高山　　　　开票人:李一凡　　　　销售方:(章)

第一联:记账联 销售方记账凭证

表 6-2

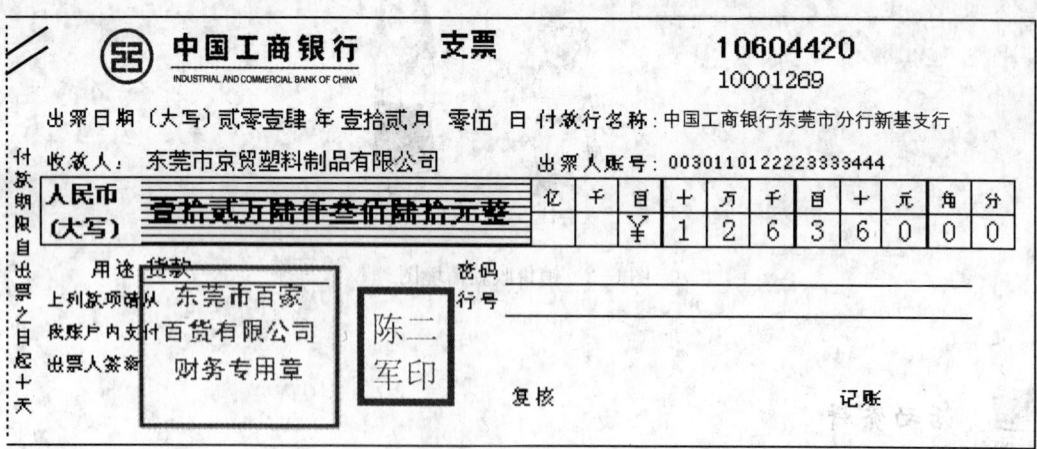

表 6-3

| | | 中国建设银行 China Construction Bank | 进账单（收账通知） | | | 3 |
|---|---|---|---|---|---|---|

2014 年 12 月 06 日

| 出票人 | 全　称 | 东莞市百家百货有限公司 | 收款人 | 全　称 | 东莞市京贸塑料制品有限公司 |
|---|---|---|---|---|---|
| | 账　号 | 00301101222233333444 | | 账　号 | 10560200440405555678 |
| | 开户银行 | 中国工商银行东莞市分行新基支行 | | 开户银行 | 建行东莞市分行建业支行 |

| 金额 | 人民币（大写） | 壹拾贰万陆仟叁佰陆拾元整 | 亿 | 千 | 百 | 十 | 万 | 千 | 百 | 十 | 元 | 角 | 分 |
|---|---|---|---|---|---|---|---|---|---|---|---|---|
| | | | | | | ￥ | 1 | 2 | 6 | 3 | 6 | 0 | 0 | 0 |

| 票据种类 | 支票 | 票据张数 | 壹张 |
|---|---|---|---|
| 票据号码 | | 10001269 | |

中国建设银行股份有限公司
东莞市分行建业支行
2014.12.06
办讫章　收款人开户银行签章

复核　　记账

此联是收款人开户银行交给收款人的收账通知

 活动指导

小企业销售商品或提供劳务实现的收入，应当按照实际收到的金额，借记"银行存款"科目，按照税法规定应缴纳的增值税税额，贷记"应交税费——应交增值税（销项税额）"科目，按照确认的销售商品收入，贷记"主营业务收入"科目。

| | |
|---|---|
| 借:银行存款 | 126 360 |
| 　贷:主营业务收入——饭盒 | 108 000 |
| 　　应交税费——应交增值税（销项税额） | 18 360 |

## 活动 6.1.2　销售产品尚未收到款项

 活动背景

折扣销售业务情境如图 6-3 所示。

会计　　出纳

图 6-3　折扣销售业务情境图

 **活动资料**

2014 年 12 月 10 日,向广州百利超市销售饭盒、密封盒和水杯,开出增值税专用发票。相关单据如表 6-4 和表 6-5 所示。

**表 6-4**

4400134140

## 广东省增值税专用发票

此联不作报销、扣税凭证使用

No 457201446

开票日期:2014 年 12 月 10 日

| 购买方 | 名　　称:广州市百利超市<br>纳税人识别号:440101792915102<br>地址、电话:广州市天河路 560 号　020-33254325<br>开户行及账号:中国建设银行广州天河支行龙口路支行<br>1056020077778888999 | | | | | 密码区 | 32601476/>+<33321<−<　加<br>密版本:03<br>*+−−457−</321<−21−15<br>3541631276<br>*−3−78>379243341<7+0<br>12185771<br>3/91/479>>−>00>><1<br>2181215 | |
|---|---|---|---|---|---|---|---|---|
| 货物或应税劳务、服务名称 | 规格型号 | 单位 | 数量 | 单价 | 金额 | 税率 | 税额 |
| 饭盒 | | 个 | 4 000 | 18.00 | 72 000.00 | 17% | 12 240.00 |
| 密封盒 | | 个 | 7 000 | 17.00 | 119 000.00 | 17% | 20 230.00 |
| 水杯 | | 个 | 9 000 | 16.00 | 144 000.00 | 17% | 24 480.00 |
| 合　计 | | | | | ￥335 000.00 | | ￥56 950.00 |
| 价税合计(大写) | ⊗叁拾玖万壹仟玖佰伍拾元整 | | | | (小写)￥391 950.00 | | |
| 销售方 | 名　　称:东莞市京贸塑料制品有限公司<br>纳税人识别号:441911792915001<br>地址、电话:东莞市莞城区学院路 287 号　22662220<br>开户行及账号:中国建设银行东莞市分行建业支行<br>1056020040405555678 | | | | | 备注 | (东莞市京贸塑料制品有限公司<br>441911792915001<br>发票专用章) | |

第一联:记账联　销售方记账凭证

收款人:张晴　　　　复核:高山　　　　开票人:李一凡　　　　销售方:(章)

**表 6-5**

## 产品出库单

购货单位:广州市百利超市　　　　2014 年 12 月 10 日　　　　No 36875

| 品名及规格 | 计量单位 | 销售数量 | 销售单价 | 销售金额 |
|---|---|---|---|---|
| 密封盒 | 个 | 4 000 | | |
| 饭盒 | 个 | 7 000 | | |
| 水杯 | 个 | 9 000 | | |
| | | | | |
| 合　计 | | | | ￥391 950.00 |

主管: 王国勤　　验收: 周迪生　　记账　　复核　　制单: 齐铭

 活动指导

　　小企业通常应当按照从购买方已收或应收的合同或协议价款,确定销售商品收入金额。涉及现金折扣的,应当按照扣除现金折扣前的金额确定销售商品收入金额,贷记"主营业务收入"科目,涉及的增值税贷记"应交税费——应交增值税(销项税额)"科目,按应收对方的款项,借记"应收账款"科目。现金折扣应当在实际发生时,记入"财务费用"科目。

　　小企业为鼓励购买方提前支付货款,与其达成协议,越早付款折扣越多。如折扣情况为:如10天内付款,折扣率为2‰,11～20天内付款,折扣率为1‰,21～30天内付款不享受现金折扣,一般用2/10、1/20、N/30表示。编制会计分录如下:

借:应收账款——广州市百利超市　　　　　　　　　　　　　　　　　　391 950
　贷:主营业务收入——饭盒　　　　　　　　　　　　　　　　　　　　72 000
　　　　　　　　　——密封盒　　　　　　　　　　　　　　　　　　119 000
　　　　　　　　　——水杯　　　　　　　　　　　　　　　　　　　144 000
　应交税费——应交增值税(销项税额)　　　　　　　　　　　　　　　56 950

　　2014年12月18日,收到货款,客户可享受2‰现金折扣(现金折扣考虑增值税),收账通知如表6-6所示。

表6-6

 电汇凭证(收账通知)　　　　　　　　　1

☑普通　☐加急　　　　委托日期　2014年12月18日　　　　　流水号:

| 付款人 | 全　称 | 广州市百利超市 | 收款人 | 全　称 | 东莞市京贸塑料制品有限公司 |
|---|---|---|---|---|---|
| | 账　号 | 1056020077778888999 | | 账　号 | 1056020040405555678 |
| | 汇出地点 | 广州 | | 汇入地点 | 东莞 |
| | 汇出行名称 | 中国建设银行广州天河支行龙口路支行 | | 汇入行名称 | 中国建设银行东莞市分行建业支行 |

| 金额 | 人民币(大写) | 叁拾捌万肆仟壹佰壹拾壹元整 | 亿 | 千 | 百 | 十 | 万 | 千 | 百 | 十 | 元 | 角 | 分 |
|---|---|---|---|---|---|---|---|---|---|---|---|---|
| | | | | | ¥3 | 8 | 4 | 1 | 1 | 1 | 0 | 0 |

支付密码

附加信息及用途

汇出行签章　　　　　复核:　　记账:

此联给收款人的收账通知

根据收账通知编制会计分录如下:

借:银行存款　　　　　　　　　　　　　　　　　　　　　　　　　　384 111
　财务费用——现金折扣(391 950×2%)　　　　　　　　　　　　　　7 839
　贷:应收账款——广州市百利超市　　　　　　　　　　　　　　　　391 950.00

133

**业务延伸**

如果 2014 年 12 月 25 日,收到货款,客户可享受 1% 现金折扣,则会计处理如下:

借:银行存款          388 030.50

  财务费用——现金折扣(391 950×1%)    3 919.50

  贷:应收账款——广州市百利超市     391 950

如果 2014 年 12 月 30 日后收到货款,客户不可享受现金折扣,则会计处理如下:

借:银行存款          391 950

  贷:应收账款——广州市百利超市     391 950

 **知识拓展**

小企业若发生坏账损失,应直接转销,计入营业外支出。会计处理如下:

借:营业外支出

  贷:应收账款

若之后又收回该笔坏账款,则计入营业外收入。会计处理如下:

借:银行存款

  贷:营业外收入

## 活动 6.1.3 预收货款销售产品

 **活动背景**

预收款销售情境如图 6-4 所示。

图 6-4 预收款销售情境图

活动资料

2014 年 12 月 25 日,向东莞市新天地购物中心公司销售密封盒。以预收款项结算(预收款项为 50 000 元,见单元 2 活动 2.2.3),余款暂欠。相关单据如表 6-7 所示。

表 6-7

4400134140

### 广东省增值税专用发票

此联不作报销、扣税凭证使用

No 457201442

开票日期:2014 年 12 月 25 日

| 购买方 | 名　　称:东莞市新天地购物中心公司<br>纳税人识别号:441911792915102<br>地址、电话:东莞市东城中路 218 号　22385568<br>开户行及账号:中国工商银行东莞中信支行<br>　　　　　　0030110188889999000 | | | | | 密码区 | 32601476/>+<33321<-<　加密版本:03<br>*+--457-</321<-21-15<br>3541631276<br>*-3-78>379243341<7+0<br>12185771<br>3/91/479>>->00>><1<br>2181215 | | |
|---|---|---|---|---|---|---|---|---|---|
| 货物或应税劳务、服务名称 | 规格型号 | 单位 | 数量 | 单价 | 金额 | 税率 | 税额 | | |
| 密封盒 | | 个 | 2 500 | 17.00 | 42 500.00 | 17% | 7 225.00 | | |
| 合　计 | | | | | ￥42 500.00 | | ￥7 225.00 | | |
| 价税合计(大写) | ⊗肆万玖仟柒佰贰拾伍元整 | | | | (小写)￥49 725.00 | | | | |
| 销售方 | 名　　称:东莞市京贸塑料制品有限公司<br>纳税人识别号:441911792915001<br>地址、电话:东莞市东城中路 27 号　076922662220<br>开户行及账号:中国建设银行东莞市分行建业支行<br>　　　　　　1056020040405555678 | | | | | 备注 | | | |
| 收款人:张晴 | | 复核:高山 | | 开票人:李一凡 | | | 销售方:(章) | | |

第一联:记账联　销售方记账凭证

出库单略。

活动指导

小企业向购货单位预收货款时,借记"银行存款"等科目,贷记"预收账款"科目。销售收入实现时,按照实现的收入金额,借记"预收账款"科目,贷记"主营业务收入"科目,涉及的增值税销项税额,贷记"应交税费——应交增值税(销项税额)"科目。

借:预收账款——东莞市新天地购物中心公司　　　　　　　　　　　　　　49 725

　　贷:主营业务收入——密封盒　　　　　　　　　　　　　　　　　　　42 500

　　　　应交税费——应交增值税(销项税额)　　　　　　　　　　　　　　7 225

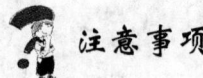

 **注意事项**

收到购货方补付货款时,借记"银行存款"科目,贷记"预收账款"科目;企业向购货单位退回其多付的款项时,借记"预收账款"科目,贷记"银行存款"科目。

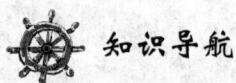

# 任务 6.2  其他销售业务处理

 **知识导航**

其他业务收入是指小企业除主营业务活动以外的其他日常生产经营活动实现的收入。其他业务收入包括出租固定资产、出租无形资产、销售材料等实现的收入。

小企业应设置"其他业务收入"账户核算小企业确认的除主营业务活动以外的其他日常生产经营活动实现的收入。该账户应按照其他业务收入种类进行明细核算。

"其他业务收入"账户贷方登记企业确认的除主营业务活动以外的其他日常生产经营活动实现的收入,借方登记期末结转至"本年利润"账户的收入,该账户结转后无余额。

小企业确认其他业务收入时,借记"银行存款""其他应收款"等科目,贷记"其他业务收入"科目。涉及增值税销项税额的,还应进行相应的账务处理。

## 活动 6.2.1  销售材料同时收到款项

**活动背景**

销售材料业务情境如图 6-5 所示。

图 6-5  销售材料业务情境图

 活动资料

2014 年 12 月 19 日,因东莞花园塑料制品有限公司急需红色母料,公司决定向其出售该材料,款项现金已收。相关单据如表 6-8 所示。

表 6-8

### 广东省增值税专用发票

此联不作退税、扣税凭证使用                    No 457201446

开票日期:2014 年 12 月 19 日

| 购买方 | 名 称:东莞花园塑料制品有限公司<br>纳税人识别号:440191792915204<br>地 址、电 话:东莞市红荔路 6 号 22683450<br>开户行及账号:中国建设银行东莞市分行建业支行<br>3231002100310040057 | | | 密码区 | 32601476/>+<33321<-<  加<br>密版本:03<br>*十一—457—</321<—21-15<br>3541631276<br>* —3-78>379243341<7+0<br>12185771<br>3/91/479>>—>00>><1<br>2181215 | | | 第一联:记账联 销售方记账凭证 |
| 货物或应税劳务、服务名称 | 规格型号 | 单位 | 数量 | 单价 | 金额 | 税率 | 税额 | |
| 红色母料 | | 千克 | 1.5 | 500.00 | 750.00 | 17% | 127.50 | |
| | | 现金付讫 | | | | | | |
| 合 计 | | | | | ¥750.00 | | ¥127.50 | |
| 价税合计(大写)   ⊗捌佰柒拾柒元伍角整 | | | | | (小写)¥877.50 | | | |
| 销售方 | 名 称:东莞市京贸塑料制品有限公司<br>纳税人识别号:441911792915001<br>地 址、电 话:东莞市莞城区学院路 287 号<br>076922662220<br>开户行及账号:中国建设银行东莞市分行建业支行<br>1056020040405555678 | | | 备注 | | | | |

收款人:张晴            复核:高山            开票人:李一凡

 活动指导

小企业销售材料,应按售价和应收的增值税税额,借记"库存现金""银行存款""应收账款"等科目,按实现的营业收入,贷记"其他业务收入"科目,按增值税销项税额,贷记"应交税费——应交增值税(销项税额)"科目。月份终了,按出售材料的实际成本,借记"其他业务成本"科目,贷记"原材料"科目。

借:库存现金                                        877.50

　　贷:其他业务收入——出售材料                          750.00

　　　应交税费——应交增值税(销项税额)                   127.50

单元练习

**一、单项选择题**

1. 收入是指小企业在日常生产经营活动中形成的、会导致（　　）增加、与所有者投入资本无关的经济利益的总流入。

A. 资产　　　　　　B. 负债　　　　　　C. 所有者权益　　　　D. 费用

2. 销售商品采用托收承付方式的，在（　　）时确认收入。

A. 发出商品　　　　B. 办妥托收手续　　C. 签订合同　　　　D. 收到货款

3. 销售商品需要安装和检验的，在购买方接受商品以及（　　）完毕时确认收入。

A. 发出商品　　　　B. 办妥托收手续　　C. 安装和检验　　　D. 收到货款

4. 销售商品采用支付手续费方式委托代销的，在收到（　　）时确认收入。

A. 发出商品　　　　B. 代销清单　　　　C. 安装和检验　　　D. 收到货款

5. 小企业已经确认销售商品收入的售出商品发生的销售折让，应当在发生时冲减当期的（　　）。

A. 财务费用　　　　　B. 管理费用　　　　C. 销售商品收入　　D. 营业外收入

6. 小企业若发生坏账损失，应直接转销，计入（　　）。

A. 财务费用　　　　　B. 管理费用　　　　C. 销售费用　　　　D. 营业外支出

7. 销售商品涉及现金折扣时，现金折扣应当在实际发生时，计入（　　）。

A. 财务费用　　　　　B. 管理费用　　　　C. 销售商品收入　　D. 营业外收入

8. 小企业应设置"其他业务收入"账户核算小企业确认的除（　　）以外的其他日常生产经营活动实现的收入。

A. 主营业务活动　　　　　　　　　B. 投资业务活动

C. 销售固定资产活动　　　　　　　D. 其他业务活动

**二、多项选择题**

1. 收入产生按来源可分为（　　）。

A. 吸收直接投资收入　　　　　　　B. 销售商品收入

C. 提供劳务收入　　　　　　　　　D. 让渡资产使用权收入

2. 小企业按经营业务的主次收入可分为（　　）。

A. 营业外收入　　　B. 主营业务收入　　C. 其他业务收入　　D. 投资收益

3. 小企业应当在发出商品且（　　）时，确认销售商品收入。

A. 收到货款　　　B. 取得收款权利　　　C. 签订合同　　　　D. 交货验收

4. 下列针对不同的销售情况，属于销售商品时收入确认时间的有（　　）。

A. 发出商品时　　　　　　　　　　B. 办妥托收手续时

C. 安装和检验完毕时　　　　　　　D. 收到代销清单时

5. 其他业务收入是指小企业除主营业务活动以外的其他日常生产经营活动实现的收入,包括( )等实现的收入。

    A. 出租固定资产    B. 出租无形资产    C. 销售材料    D. 销售固定资产

6. 小企业应当在( )且收到货款或取得收款权利时,确认销售商品收入。

    A. 发出商品    B. 办妥托收手续    C. 签订合同    D. 收到货款

### 三、判断题

1. 销售商品采取预收款方式的,在收到货款时确认收入。( )

2. 销售商品采用分期收款方式的,在合同约定的收款日期确认收入。( )

3. 销售商品以旧换新的,销售的商品作为商品销售处理,回收的商品作为购进商品处理。( )

4. "主营业务收入"账户借方登记企业在销售商品、提供劳务及让渡资产使用权等日常活动中所产生的收入,贷方登记期末结转至"本年利润"账户的收入,该账户结转后无余额。( )

5. 现金折扣是指债权人为鼓励债务人在规定的期限内付款而向债务人提供的债务扣除。( )

6. 小企业销售商品涉及现金折扣的,应当按照扣除现金折扣前的金额确定销售商品收入金额。现金折扣应当在实际发生时,计入当期损益(财务费用)。( )

7. 商业折扣是指小企业为促进商品销售而在商品标价上给予的价格扣除。( )

8. 小企业销售商品涉及商业折扣的,应当按照扣除商业折扣后的金额确定销售商品收入金额,折扣金额计入财务费用。( )

9. 小企业已经确认销售商品收入的售出商品发生的销售退回(不论属于本年度还是属于以前年度的销售),应当在发生时冲减当期销售商品收入。( )

10. 小企业如果收回已转销的坏账损失,应直接计入营业外收入。( )

### 四、实务题

东莞市京贸塑料制品有限公司公司 2015 年 1 月发生了以下业务,根据发生的业务编制会计分录:

(1) 8 日,向东莞市百家百货有限公司销售饭盒 3 000 个,单价 18 元,增值税税率 17%,款项已收。

(2) 13 日,向广州百利超市销售饭盒 2 000 个,单价 17 元;密封盒 2 500 个,单价 18 元;水杯 6 000 个,单价 16 元,增值税税率 17%,款项未收到,并与广州百利超市达成协议:10 天内付款,折扣率为 3%;11~20 天内付款,折扣率为 1%;21~30 内付款不享受折扣。

(3) 19 日,收广州百利超市 13 日的销售货款。

(4) 20 日,公司搞促销,销售商品客户享受 20% 商业折扣,向东莞市百家百货有限公司销售水杯 5 000 个,单价 16 元,增值税税率 17%,款项已收。

(5) 25 日,公司收回一笔已转销的坏账损失 3 000 元存入银行。

(6) 30 日,向东莞市新天地购物中心公司销售密封盒 4 000 个,单价 18 元。以预收款项结算(已预收款项 50 000 元),余款暂欠,增值税税率 17%。

(7) 31 日,东莞花园塑料制品有限公司急需黄色母料 3 千克,每千克 600 元,公司决定向其出售该材料,款项已收,增值税税率 17%。

(8) 31 日,公司对应收账款进行清理,确认有一笔 6 000 元款项无法收回,经公司批准确认为坏账损失。

# 单元 7  成本费用业务处理

 学习目标

◆ 了解费用的构成内容

◆ 会进行成本费用的账务处理

◆ 能按受益原则归集和分配各项生产费用并进行账务处理

◆ 能采用品种法正确计算产品成本、会进行成本计算、结转的账务处理

成本费用核算情境如图 7-1 所示。

图 7-1  成本费用核算情境图

1. 费用的概念

费用是指小企业在日常生产经营活动中发生的、会导致所有者权益减少、与向所有者
分配利润无关的经济利益的总流出。

2. 费用特征

费用具有以下特征。

（1）费用是小企业在日常生产经营活动中发生的，非日常活动所形成的经济利益的流出，例如，小企业处置固定资产、无形资产等非流动资产，因违约支付罚款，对外捐赠，因自然灾害等非常原因造成的财产损失等不能确认为费用，而应确认为企业的损失，计入营业外支出。

（2）费用表现为小企业负债的增加或资产的减少，或者两者兼而有之。费用可能表现为小企业负债的增加，如增加应付职工薪酬、应交税费等；也可能表现为企业资产的减少，如减少银行存款、原材料等；也可能两者兼而有之，如小企业购买办公用品一批，价值 1 000 元，用现金支付 600 元，其余暂欠。

（3）费用会导致所有者权益的减少，但与向所有者分配利润无关。由于费用表现为小企业负债的增加或资产的减少，或者两者兼而有之，根据"资产＝负债＋所有者权益"的公式，费用一定会导致小企业所有者权益的减少。如果一项支出不减少所有者权益，也就不构成费用。例如，小企业用银行存款偿还应付账款，引起一项资产和一项负债等额减少，对所有者权益没有影响，其支出不构成小企业的费用。小企业向所有者分配利润也会导致经济利益流出企业，而该经济利益的流出属于对投资者投资回报的分配，是所有者权益的直接抵减项目，不应确认为费用。

## 任务 7.1　费用发生、归集业务处理

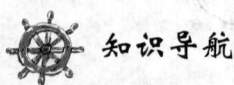

1. 费用的分类

（1）小企业按照费用的功能分类，可分为营业成本、营业税金及附加、销售费用、管理费用、财务费用等。

营业成本是指小企业所销售商品的成本和所提供劳务的成本，包括主营业务成本和其他业务成本。

营业税金及附加是指小企业开展日常生产经营活动应负担的消费税、营业税、城市维护建设税、资源税、土地增值税、城镇土地使用税、房产税、车船税、印花税和教育费附加、矿产资源补偿费、排污费等。

销售费用是指小企业在销售商品或提供劳务过程中发生的各种费用，包括销售人员的职工薪酬、商品维修费、运输费、装卸费、包装费、保险费、广告费、业务宣传费、展览费等费用。小企业（批发业、零售业）在购买商品过程中发生的费用（包括运输费、装卸费、包装费、保险费、运输途中的合理损耗和入库前的挑选整理费等）也构成销售

费用。

管理费用是指小企业为组织和管理生产经营发生的其他费用,包括小企业在筹建期间内发生的开办费、行政管理部门发生的费用(包括固定资产折旧费、修理费、办公费、水电费、差旅费、管理人员的职工薪酬等)、业务招待费、研究费用、技术转让费、相关长期待摊费用摊销、财产保险费、聘请中介机构费、咨询费(含顾问费)、诉讼费等费用。

财务费用是指小企业为筹集生产经营所需资金发生的筹资费用,包括:利息费用(减利息收入)、汇兑损失、银行相关手续费、小企业给予的现金折扣(减享受的现金折扣)等费用。

(2) 小企业在生产经营管理过程中发生的费用按照其经济用途,可以分为计入产品成本的生产费用和不计入产品成本的期间费用两大类。

生产费用是指在小企业的生产和经营管理过程中发生的,与生产产品有关,可以计入产品成本的费用。

期间费用是指不计入产品成本、直接计入发生当期损益的费用。小企业一定期间发生的不能直接归属于某个特定产品的生产成本的费用,则归属于期间费用,在发生时直接计入当期损益。期间费用包括销售费用、管理费用和财务费用。

2. 费用的核算

费用确认应当以权责发生制为基础,凡属于本期发生的费用,不论其款项是否支付,均确认为本期费用;反之,不属于本期发生的费用,即使款项已在本期支付,也不确认为本期费用。

通常,小企业的费用应当在发生时按照其发生额计入当期损益。

小企业销售商品收入和提供劳务收入已予确认的,应当将已销售商品和已提供劳务的成本作为营业成本结转至当期损益。

(1) 期间费用核算。小企业应设置"管理费用""销售费用""财务费用"账户,核算小企业的期间费用。

"管理费用"属损益类账户,借方登记小企业为组织和管理生产经营发生各项费用,贷方登记期末结转至"本年利润"的数额,该科目月末结转后无余额。

"销售费用"属损益类账户,借方登记小企业在销售商品或提供劳务过程中发生的各种费用,贷方登记期末结转至"本年利润"的数额,该账户月末结转后无余额。

"财务费用"属损益类账户,借方登记小企业为筹集生产经营所需资金发生的筹资费用,贷方登记期末结转至"本年利润"的数额,该账户月末结转后无余额。

发生期间费用时,借记"管理费用""销售费用""财务费用"科目,贷记"银行存款"等科目;月末,可将"管理费用"等期间费用账户的余额转入"本年利润"账户,借记"本年利润"科目,贷记"管理费用"等科目,账户结转后无余额。

(2) 生产费用核算。小企业应设置"生产成本""制造费用"账户,核算小企业的生产费用。

"生产成本"属成本类账户,借方登记小企业生产产品发生的各项直接的生产成本,贷方登记已完成生产的产品的完工成本,期本余额一般在借方,表示尚未完工的产品的成本。

"制造费用"属成本类账户,借方登记小企业生产车间(部门)为生产产品和提供劳务而发生的各项间接费用,贷方登记分配结转至"生产成本"的数额,分配完成后该账户无余额。

生产产品发生直接生产费用时,借记"生产成本"科目,贷记"原材料""应付职工薪酬"等科目,产品完工时结转完工产品成本,借记"库存商品"等科目,贷记"生产成本"科目。生产车间发生各项间接费用时,借记"制造费用",贷记"银行存款""应付职工薪酬"等科目,月末需要将本期发生的制造费用按分配标准分配到不同产品生产成本中,分配时,借"生产成本"科目,贷记"制造费用"科目。

假定东莞市京贸塑料制品有限公司在12月份除了发生前述各单元的费用业务外,还发生了如下的费用业务。

## 活动 7.1.1 支付办公用品费用

购买办公用品情境如图7-2所示。

图7-2 购买办公用品情境图

2014年12月28日,公司行政部门购买办公用品。相关单据如表7-1和表7-2所示。

表 7-1

中国建设银行
普通支票存根
10304420
10001122

附加信息 _____

_____

出票日期 *2014* 年 *12* 月 *28* 日

| 收款人 | *东莞市文一文具店* |
|---|---|
| 金 额 | ¥ *1 200.00* |
| 用 途 | *购买办公用品* |

单位主管 *李明* 会计 *李一凡*

表 7-2

广东省地方用机打发票

发票联

发票代码 23201171633
发票号码 24854500

开票日期:2014 年 12 月 28 日　　发业分类:文化体育业

纳税人识别号:441912724005876　　　　机打号码:24854500

机器编号:　　　　　　　　　　　　　税控防伪码:QZUECVA419TYU7MUF8EQ

付款户名:东莞市京贸塑料制品有限公司　　付款方式:支票

| 商品名称 | 规格 | 单位 | 数量 | 单价 | 金额 |
|---|---|---|---|---|---|
| 文件盒 | | 个 | 40 | 25.00 | 1 000.00 |
| 笔 | | 盒 | 10 | 20.00 | 200.00 |

合计金额大写(人民币):壹仟贰佰元整　　　　　　　　　¥1 200.00

开票人:黄可　　　收款人:黄可　　　收款单位盖章　　　手写无效

第一联 发票联 付款方记账凭证

活动指导

小企业行政部门发生的费用应通过"管理费用"账户核算。根据审核无误的支票存根和发票,编制会计分录如下。

借:管理费用——办公费     1 200

  贷:银行存款     1 200

## 活动 7.1.2 支付业务招待费

 **活动背景**

支付业务招待费情境如图 7-3 所示。

图 7-3 支付业务招待费情境图

 **活动资料**

2014 年 12 月 28 日,行政部门发生业务招待费,以银行存款结算,如表 7-3 和表 7-4 所示。

表 7-3

中国建设银行
普通支票存根
10304420
10001122

附加信息

出票日期 2014 年 12 月 28 日

收款人:东莞市喜洋洋假日酒店

金 额:¥2 500.00

用 途:招待费

单位主管 李明 会计 李一凡

**表 7-4**

## 广东省地方税务局运用机打发票

发票联

| | 发票代码 | 23201168521 |
| --- | --- | --- |
| | 发票号码 | 24854513 |

开票日期:2014 年 12 月 28 日　　　　行业分类:服务业

| 纳税人识别号:44191274123456 | | 机打号码:24854513 | | |
| --- | --- | --- | --- | --- |
| 机器编号: | | 税控防伪码:QZUECVA419TYU7MUF8EQ | | |
| 付款户名:东莞市京贸塑料制品有限公司 | | 付款方式:支票 | | |
| 商品名称 | 规格 | 单位 | 数量 | 单价 | 金额 |
| 围餐 | | 桌 | 2 | 1 250.00 | 2 500.00 |
| 合计金额大写(人民币):贰仟伍佰元整 | | | | ￥2 500.00 |
| 开票人:黄伟 | 收款人:黄伟 | | 收款单位盖章 | 手写无效 |

东莞市喜洋洋假日酒店
441912724123456
发票专用章

第一联　发票联　付款方记账凭证

 **活动指导**

　　小企业发生的业务招待费,是为组织和管理生产经营发生的其他费用,应记入"管理费用"。根据审核无误的支票存根和发票编制会计分录如下:

借:管理费用——业务招待费　　　　　　　　　　　　　　　　2 500
　　贷:银行存款　　　　　　　　　　　　　　　　　　　　　　　　2 500

## 活动 7.1.3　收到存款利息收入

 **活动背景**

收到存款利息情境如图 7-4 所示。

图 7-4　收到存款利息情境图

 活动资料

2014 年 12 月 21 日,收到存款利息收入。利息收入清单如表 7-5 所示。

表 7-5

 中国建设银行
China Construction Bank
利息清单

币别:人民币　　　　　　　日期 2014 年 12 月 21 日　　　　　　　流水号

| 账号: | | | 户名: | | |
|---|---|---|---|---|---|
| 计息项目 | 起息日 | | 结息日 | 利率 | 利息 |
| 活期 | 2014.11.21 | | 2014.12.20 | | 85.00 |
| | | | | | |
| | | | | | |
| 合计大写 | 捌拾伍元整 | | 中国建设银行股份有限公司<br>东莞市分行建业支行<br>2014.12.21<br>办讫章 | | |
| 上列　款利息,已照　你单位账户 | | | 科目<br>对方科目 | | |

客户回章单

会计主管:　　　　授权:　　　　复核:胡西爽　　　　录人:李玲

 活动指导

　　小企业为筹集生产经营所需资金发生的筹资费用记入"财务费用"科目。根据审核无误的利息收入清单编制会计分录如下:

借:银行存款　　　　　　　　　　　　　　　　　　　　　　　85
　　贷:财务费用——利息收入　　　　　　　　　　　　　　　　　　85

## 活动 7.1.4　支付手续费

 **活动背景**

支付银行手续费情境如图 7-5 所示。

图 7-5　支付银行手续费情境图

 **活动资料**

2014 年 12 月 28 日，支付银行手续费，如表 7-6 所示。

表 7-6

**中国建设银行** China Construction Bank　　**业务收费凭证**

币别:人民币　　　　　　　　　　流水号:(略)

| 付款人 | 东莞市京贸塑料制品有限公司 | | 账号 | 1056020040405555687 | |
|---|---|---|---|---|---|
| 工本费金额 | 手续费金额 | 电子汇划费金额 | | 合计金额 | |
| | 50.00 | | | 50.00 | |
| 金额(大写):伍拾元整 | | | | | |
| 付款方式 | 银行转账 | | 中国建设银行股份有限公司<br>东莞市分行建业支行<br>2014.12.28<br>办讫章　　　　银行盖章 | | |
| 备注: | | | | | |

客户回单

 **活动指导**

小企业发生的银行转账手续费应记入"财务费用"科目。根据审核无误的业务收费凭

证编制会计分录如下：

借：财务费用          50

贷：银行存款               50

## 活动 7.1.5　支付广告费

 活动背景

支付广告费情境如图 7-6 所示。

图 7-6　支付广告费情境图

 活动资料

2014 年 12 月 15 日，支付广告费，如表 7-7 和表 7-8 所示。

表 7-7

中国建设银行
普通支票存根
10304420
10001123

附加信息

出票日期　2014 年 12 月 15 日

收款人：东莞市大象广告有限公司

金　额：￥30 000.00

用　途：广告费

单位主管　李明　　会计　李一凡

表 7-8

## 广东省地方税务局通用机打发票

发票联

发票代码　23201171633
发票号码　24854569

开票日期:2014 年 12 月 15 日　　　行业分类:文化娱乐业

| 纳税人识别号:441912724123789 | | | | 机打号码:24854569 | | |
| --- | --- | --- | --- | --- | --- | --- |
| 机器编号: | | | | 税控防伪码:QZUECVA419TYU7MUF8EQ | | |
| 付款户名:东莞市京贸塑料制品有限公司 | | | | 付款方式:支票 | | |
| 商品名称 | 规格 | 单位 | 数量 | 单价 | | 金额 |
| 广告套餐 | | 套 | 1 | 30 000.00 | | 30 000.00 |
| 合计金额大写(人民币):叁万元整 | | | | | | ¥ 30 000.00 |
| 开票人:赵军 | | 收款人:赵军 | | 收款单位盖章 | | 手写无效 |

第一联　发票联　付款方记账凭证

 活动指导

小企业在销售商品或提供劳务过程中发生的各种费用记入"销售费用"账户核算。

根据审核无误的支票存根和发票编制会计分录如下:

借:销售费用——广告费　　　　　　　　　　　　　　　　　30 000

　贷:银行存款　　　　　　　　　　　　　　　　　　　　　　　　30 000

# 活动 7.1.6　月终分配水费

 活动背景

分配水费情境如图 7-7 所示。

图 7-7　分配水费情境图

 **活动资料**

2014 年 12 月 31 日，分配水费，如表 7-9 所示。（支付水费业务见第 2 单元活动 2.2.8）

表 7-9 　　　　　　　　　　　 **水费分配表**

2014 年 12 月 31 日　　　　　　　　　　　　　　金额单位：元

| 耗用 车间、部门 | 用水量（吨） | 单价 | 分配金额 |
|---|---|---|---|
| 生产车间 | 1 100 | 3.20 | 3 520 |
| 销售部门 | 20 | 3.20 | 64 |
| 行政管理部门 | 80 | 3.20 | 256 |
| 合　　计 | 1 200 | 3.20 | 3 840 |

 **活动指导**

小企业应按照受益原则对水费进行分配，计入各成本费用项目，生产车间耗用的部分记入"制造费用"科目，销售部门耗用的部分记入"销售费用"科目，管理部门耗用的部分记入"管理费用"科目。根据审核无误的水费分配表编制会计分录如下：

借：制造费用——水费 　　　　　　　　　　　　　　　　　　 3 520

销售费用——水费 　　　　　　　　　　　　　　　　　　 64

管理费用——水费 　　　　　　　　　　　　　　　　　　 256

贷：应付账款——东莞市第三水厂 　　　　　　　　　　　 3 840

## 活动 7.1.7　月终分配电费

 **活动背景**

分配电费情境如图 7-8 所示。

图 7-8　分配电费情境图

 活动资料

2014 年 12 月 31 日,分配电费,如表 7-10 所示。(支付电费业务见第 2 单元活动 2.2.7)

表 7-10

### 电费分配表

2014 年 12 月 31 日                                    金额单位:元

| 车间、部门 \ 耗用 | 用电量（千瓦时） | 单价 | 分配金额 |
|---|---|---|---|
| 生产车间 | 9 000 | 0.93 | 8 370 |
| 销售部门 | 100 | 0.93 | 93 |
| 行政管理部门 | 800 | 0.93 | 744 |
| 合　计 | 9 900 | 0.93 | 9 207 |

 活动指导

小企业应按照受益原则对电费进行分配,计入各成本费用项目,生产产品耗用的部分记入"生产成本"科目,生产车间耗用的部分记入"制造费用"科目,销售部门耗用的部分记入"销售费用"科目,管理部门耗用的部分记入"管理费用"科目。根据审核无误的电费分配表编制会计分录如下:

借:制造费用——电费                                   8 370
　　销售费用——电费                                     93
　　管理费用——电费                                    744
　　贷:应付账款——东莞市供电局东城分局                 9 207

 ## 任务 7.2　完工产品成本计算业务

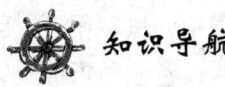 知识导航

## 一、产品成本核算

### 1. 产品成本核算的一般程序

产品成本是小企业为生产一定种类、一定数量的产品所发生的各种生产费用之和。产

品的生产成本,在产品完工销售以后,将已销售产品的成本结转到主营业务成本。

小企业产品成本核算工作的核心在于生产费用的归集和分配,包括各要素费用,以及生产费用在完工产品和在产品之间的归集和分配。因此,小企业进行产品成本核算时,一般应遵循下列程序:

(1)根据生产特点和成本管理要求,确定成本计算对象。

(2)确定成本项目。

(3)设置有关成本明细账,如生产成本明细账、制造费用明细账等。

(4)收集确定各种产品的生产量、入库量、在产品盘存数量以及材料、工时、动力消耗等,并对所有已发生费用进行审核。

(5)归集所发生的全部费用,并按所确定的成本核算对象,采用合理的成本计算方法予以分配,按照成本项目计算各种产品的在产品成本、产成品成本和单位成本。

(6)结转产品销售成本。

2. 确定成本核算对象和成本项目

小企业应当根据生产特点和成本管理的要求,选择适合于本企业的成本核算对象、成本项目和成本计算方法。

(1)确定成本核算对象。成本核算对象是指确定归集和分配生产费用的具体对象。成本核算对象的确定,是设立成本明细分类账,归集和分配生产费用以及正确计算成本的前提。具体的成本核算对象主要应根据企业的生产特点加以确定,同时还应考虑成本管理上的要求。

一般情况下,对小企业(工业)而言,生产一种或几种产品的,以产品品种为成本核算对象;多步骤连续加工的产品,以每种产品及各生产步骤为成本核算对象;分批、单件生产产品的,以每批或每件产品为成本核算对象。

(2)确定成本项目。为具体反映计入产品成本的各种费用,应将生产费用按用途进一步分类,划分为若干个项目,称为产品成本项目,简称"成本项目"。根据生产特点和管理要求,对小企业(工业)而言,一般设立直接材料、直接人工和制造费用三个成本项目。

直接材料是指小企业直接用于产品生产并构成产品实体的原材料、辅助材料、备品备件、周转材料等。

直接人工是指小企业在生产产品过程中直接从事产品生产的生产工人的职工薪酬。

制造费用是指小企业生产车间(部门)为组织和管理生产而发生的各项间接费用,包括企业各个生产车间(部门)管理人员的工资和福利费、房屋建筑物和机器设备等的折旧费、办公费、水电费、机物料消耗、季节性停工损失等。

由于生产特点、各种费用支出的比重及成本管理和核算的要求不同,小企业可根据具体情况,增设"燃料和动力""废品损失""停工损失"等成本项目。

(3)生产费用的归集和分配。小企业发生的各项生产费用,应当按照成本核算对象和成本项目进行归集。

属于材料费、人工费等直接费用,直接计入基本生产成本和辅助生产成本。

属于辅助生产车间为生产产品提供的动力等直接费用,可以先作为辅助生产成本进行归集,然后按照合理的方法分配计入基本生产成本;也可以直接计入所生产产品发生的生产成本。

其他间接费用应当作为制造费用进行归集,月度终了,再按一定的分配标准,分别计入有关产品的成本。

3. 产品成本核算的账务处理

对生产型小企业来说,产品的生产称为基本生产,从事基本生产的车间称为基本生产车间;辅助生产是指为基本生产服务而进行的产品生产和劳务供应,如供热、供气、提供修理劳务等。为了核算和监督生产费用的发生情况,正确计算产品成本,小企业应设置"生产成本"和"制造费用"账户进行核算。

"生产成本"账户属于成本类账户,核算小企业进行工业性生产发生的各项生产成本,包括:生产各种产品(产成品、自制半成品等)、自制材料、自制工具、自制设备等。小企业对外提供劳务发生的成本,可将该账户改为"劳务成本"账户,或单独设置"劳务成本"账户进行核算。该账户可按照基本生产成本和辅助生产成本进行明细核算。

"生产成本——基本生产成本"账户,应当分别按照基本生产车间和成本核算对象(如产品的品种、类别、订单、批别、生产阶段等)设置明细账(或成本计算单),并按规定的成本项目设置专栏;"生产成本——辅助生产成本"账户,应当按照辅助生产车间和费用项目设置明细账。

## 二、产品成本计算

小企业在生产过程中发生的生产费用,在各种产品之间进行分配和归集之后,应计入本月各种产品成本的费用都已集中反映在各种产品基本生产成本明细账中,为了计算产品成本,还需要将生产费用在完工产品和在产品之间进行分配,计算出本月各种完工产品成本。

本月生产费用与月初、月末在产品成本和本月完工产品成本之间的关系,可用下列公式表示:

$$月初在产品成本＋本月生产费用＝本月完工产品成本＋月末在产品成本$$

生产费用在本月完工产品和月末在产品之间的分配方法主要有以下六种,小企业应根据产品的生产特点和成本管理的要求,选择既合理又简便的分配方法。

(1) 不计算在产品成本(即在产品成本为零)。这种方法是本月发生的产品成本,全部由其完工产品负担。

(2) 在产品成本按年初数固定计算。这种方法是每月在产品成本都按年初数固定计算不变,也就是说,每月月初在产品成本与月末在产品成本相等,当月发生的成本,全部由当月完工产品负担。只有在年终时,才根据实际盘点的在产品数量,重新计算在产品成本。

(3)在产品成本按其所耗用的原材料费用计算。这种方法是在产品成本按其所耗用的原材料费用计算,其他费用全部由完工产品成本负担。

(4)约当产量比例法。约当产量比例法是将实际结存的期末在产品数量按其投料程度折合为相当于完工产品的产量,即约当产量,然后按照完工产品产量和期末在产品约当产量的比例分配生产费用的方法。这种方法适用于期末在产品数量较多,各月在产品数量变动也较大,同时产品成本中各项费用的比重又相差不多的企业。计算公式如下:

某项费用分配率=该项费用总额÷(完工产品产量+在产品约当产量)

完工产品某项费用=完工产品产量×某项费用分配率

在产品某项费用=在产品约当产量×某项费用分配率

(5)在产品按定额成本计算。这种方法根据月末实际结存的在产品数量和各项费用的单位定额,计算出月末在产品定额成本。再将月初在产品成本加上本月生产费用,减去按定额成本计算的月末库存产品成本,即为完工产品成本。

(6)定额比例法。定额比例法是指完工产品和月末在产品成本按照定额消耗量或定额费用的比例进行分配的方法。

上述生产费用的分配方法,一经选用,不得随意变更,如需变更,应在会计报表附注中说明。

## 三、制造费用

制造费用是指企业生产车间(部门)为组织和管理生产而发生的各项间接费用,包括企业各个生产车间(部门)管理人员的工资和福利费、房屋建筑物和机器设备等的折旧费、办公费、水电费、机物料消耗、季节性停工损失等。

小企业应当设置"制造费用"账户对小企业生产车间(部门)为生产产品和提供劳务而发生的各项间接费用进行核算。小企业经过1年期以上的制造才能达到预定可销售状态的产品发生的借款费用,也在本账户核算。该账户应按照不同的生产车间、部门和费用项目进行明细核算。除季节性的生产性小企业外,该账户期末应无余额。

制造费用发生时进行归集,借记"制造费用"科目,贷记"原材料""银行存款""应付职工薪酬""应付账款"等科目。

月度终了,按一定的分配标准分配制造费用,计入有关的成本核算对象,借记"生产成本——基本生产成本""生产成本——辅助生产成本"等科目,贷记"制造费用"科目。"制造费用"分配之后,该账户期末应无余额。

在分配制造费用时,可以按生产工时分配,可以按生产工人工资分配,或者按其他合理的方式分配。相关计算公式如下:

制造费用分配率＝待分配的制造费用总和÷分配标准总和
某种产品应负担的制造费用＝该产品的分配标准×分配率

## 活动 7.2.1　月终计算结转制造费用

**活动背景**

分配制造费用情境如图 7-9 所示。

图 7-9　分配制造费用情境图

**活动资料**

　　2014 年 12 月 31 日,公司本月发生的制造费用已全部记入"制造费用"账户,公司按照生产工时的比例在基本车间生产的饭盒、密封盒和水杯三种产品之间分配制造费用,如表 7-11 和表 7-12 所示。

表 7-12

### 制造费用分配表
2014 年　12 月　31 日

| 产　品 | 生产工时(小时) | 分配率 | 金额(元) |
|---|---|---|---|
| 饭盒 | 500 | 53.213 9 | 26 606.96 |
| 密封盒 | 400 | 53.213 9 | 21 285.57 |
| 水杯 | 300 | 53.213 9 | 15 964.17 |
| 合计 | 1 200 | 53.213 9 | 63 856.70 |

审核:高山　　　　　　　　　　制单:李一凡

157

表 7-11

## 制造费用 明细账

| 2014 月 | 日 | 凭证 字 | 凭证 号 | 摘要 | 借方金额 | 贷方金额 | 借或贷 | 余额 | 租凭费 | 水电费 | 折旧费 | 工资 | 低值易耗品 | 修理费 | 无形资产摊销 |
|---|---|---|---|---|---|---|---|---|---|---|---|---|---|---|---|
| 12 | 15 | 记 | 略 | 支付厂租 | 20 000.00 | | 借 | 20 000.00 | 20 000.00 | | | | | | |
| 12 | 18 | 记 | 略 | 支付修理费 | 820.00 | | 借 | 23 820.00 | | | | | | 820.00 | |
| 12 | 23 | 记 | 略 | 领用工具 | 3 000.00 | | 借 | 23 820.00 | | | | | 3 000.00 | | |
| 12 | 31 | 记 | 略 | 分配工资 | 5 100.00 | | 借 | 28 920.00 | | | | 5 100.00 | | | |
| 12 | 31 | 记 | 略 | 计提五险一金 | 1 833.00 | | 借 | 30 753.00 | | | | 1 833.00 | | | |
| 12 | 31 | 记 | 略 | 计提教育经费 | 178.50 | | 借 | 30 931.50 | | | | 178.50 | | | |
| 12 | 31 | 记 | 略 | 计提折旧 | 20 035.20 | | 借 | 50 966.70 | | | 20 035.20 | | | | |
| 12 | 31 | 记 | 略 | 无形资产摊销 | 1 000.00 | | 借 | 51 966.70 | | | | | | | 1 000.00 |
| 12 | 31 | 记 | 略 | 分配水费 | 3 520.00 | | 借 | 55 486.70 | | 3 520.00 | | | | | |
| 12 | 31 | 记 | 略 | 分配电费 | 8 370.00 | | 借 | 63 856.00 | | 8 370.00 | | | | | |
| | | | | | | | | | | | | | | | |

活动指导

　　小企业各个生产车间(部门)的管理人员的工资和福利费、房屋建筑物和机器设备等的折旧费、办公费、水电费、机物料消耗、季节性停工损失等在发生时,借记"制造费用"科目,贷记相关科目。

　　期末,小企业要将当月归集的制造费用按一定的分配标准进行分配,计入有关成本对象,分配时,借记"生产成本——基本生产成本""生产成本——辅助生产成本"科目,贷记"制造费用"科目。

　　月末,根据表 7-11 制造费用分配明细,按照生产工时的比例在基本车间生产的饭盒、密封盒和水杯三种产品之间分配制造费用。计算过程如下:

$$制造费用分配率=总金额÷工时总数=63\ 856.70÷1\ 200=53.213\ 9$$
$$饭盒应分配的制造费用=500×53.213\ 9=26\ 606.96(元)$$
$$密封盒应分配的制造费用=400×53.213\ 9=21\ 285.57(元)$$
$$水杯应分配的制造费用=63\ 856.70-266\ 06.96-21\ 285.57=15\ 964.17(元)$$

　　根据分配结果做进行如下账务处理:

| | |
|---|---:|
| 借:生产成本——基本生产成本(饭盒) | 26 606.96 |
| 　　　　——基本生产成本(密封盒) | 21 285.57 |
| 　　　　——基本生产成本(水杯) | 15 964.17 |
| 　贷:制造费用 | 63 856.70 |

## 活动 7.2.2　月终计算结转完工产品成本(品种法计算)

活动背景

结转完工产品成本情境如图 7-10 所示。

图 7-10　结转完工产品成本情境图

 活动资料

假设公司根据生产特点，设定期末在产品按年初固定数计算成本，则本月发生生产费用合计全部结转至完工产品成本。根据产品完工入库单统计，本月共完工入库饭盒 12 000 件，密封盒 11 500 件，水杯 10 000 件。完工产品成本计算表如表 7-13 所示。

表 7-13

### 完工产品成本计算汇总表

2014 年 12 月 31 日 单位：元

| 产品名称 | 完工产量 | 计量单位 | 直接材料 | 直接人工 | 制造费用 | 总成本 | 单位成本 |
|---|---|---|---|---|---|---|---|
| 饭盒 | 12 000 | 个 | 49 151.73 | 17 409.00 | 26 606.96 | 93 167.69 | 7.764 0 |
| 密封盒 | 11 500 | 个 | 42 925.15 | 17 564.25 | 21 285.57 | 81 774.97 | 7.110 9 |
| 水杯 | 10 000 | 个 | 37 306.85 | 17 202.00 | 15 964.17 | 70 473.02 | 7.047 3 |
| 合计 | | | 129 383.73 | 52 175.25 | 63 856.70 | 245 415.68 | |

审核：高山 制单：李一凡

 活动指导

小企业发生的各项直接生产成本，借记"生产成本——基本生产成本""生产成本——辅助生产成本"科目，贷记"原材料""库存现金""银行存款""应付职工薪酬"等科目。

小企业已经生产完成并已验收入库的产成品以及入库的自制半成品，可在月末，借记"库存商品"等科目，贷记"生产成本——基本生产成本"科目。"生产成本——基本生产成本"账户的期末借方余额，反映小企业尚未加工完成的在产品成本。

借：库存商品——饭盒          93 167.69
        ——密封盒          81 774.97
        ——水杯          70 473.02
  贷：生产成本——基本生产成本（饭盒）          93 167.69
        ——基本生产成本（密封盒）          81 774.97
        ——基本生产成本（水杯）          70 473.02

 单元练习

### 一、单项选择题

1. 下列项目中，符合小企业费用定义的是（     ）。

A. 因违约支付罚款          B. 对外捐赠支出

C. 生产耗用材料          D. 处置固定资产发生的损失

2. 费用确认应当以（　　　）为基础,凡属于本期发生的费用,不论其款项是否支付,均确认为本期费用;反之,不属于本期发生的费用,即使款项已在本期支付,也不确认为本期费用。

A. 应收应付制　　　　　　　　B. 实收实付制

C. 权责发生制　　　　　　　　D. 现收现付制

3. 下列各项中,不属于费用的是（　　　）。

A. 主营业务成本　　　　　　　B. 销售费用

C. 财务费用　　　　　　　　　D. 营业外支出

4. 小企业一定期间发生的不能直接归属于某个特定产品的生产成本的费用,归属于期间费用,在发生时直接计入当期损益。期间费用不包括（　　　）。

A. 销售费用　　　　　　　　　B. 制造费用

C. 管理费用　　　　　　　　　D. 财务费用

5. 小企业的产品成本项目不包括（　　　）。

A. 直接材料　　　　　　　　　B. 制造费用

C. 直接人工　　　　　　　　　D. 期间费用

6. 下列各项中,不计入产品成本的费用是（　　　）。

A. 直接材料费用　　　　　　　B. 车间管理人员工资

C. 车间厂房折旧费　　　　　　D. 厂部办公楼折旧费

7. 制造费用是指企业生产车间(部门)为组织和管理生产而发生的各项（　　　）。

A. 直接费用　　B. 间接费用　　C. 期间费用　　D. 生产费用

8. 某小企业只生产一种产品,2015年2月1日在产品成本余额为3.5万元;2月份发生如下费用:生产领用材料6万元,生产工人工资2万元,制造费用1万元,管理费用1.5万元,广告费用0.8万元;月末在产品成本3万元。该小企业2月份完工产品的生产成本应为（　　　）万元。

A. 8.3　　　　B. 9　　　　C. 9.5　　　　D. 11.8

9. 小企业生产车间发生的制造费用分配后一般应转入（　　　）账户,分配结转后制造费用无余额。

A. "库存商品"　　　　　　　　B. "本年利润"

C. "生产成本"　　　　　　　　D. "主营业务成本"

10. 小企业销售人员的工资应计入（　　　）。

A. 管理费用　　　　　　　　　B. 销售费用

C. 主营业务成本　　　　　　　D. 其他业务成本

11. 小企业发生的业务招待费,应当计入（　　　）。

A. 管理费用　　　　　　　　　B. 财务费用

C. 销售费用                          D. 其他业务成本

12. 小企业对外提供劳务发生的成本,可单独设置(        )账户进行核算。

A. "主营业务成本"                    B. "生产成本"

C. "劳务成本"                        D. "其他业务成本"

## 二、多项选择题

1. 小企业费用的特征包括(        )。

A. 日常生产经营活动中发生的

B. 表现为负债的增加或资产的减少,或两者兼有之

C. 会导致所有者权益的减少

D. 与向所有者分配利润无关

2. 小企业按照费用的功能分类,可分为(        )等。

A. 生产成本                          B. 营业成本

C. 营业税金及附加                    D. 期间费用

3. 小企业在生产经营管理过程中发生的费用按照其经济用途,可以分为(        )。

A. 计入产品成本的生产费用

B. 不计入产品成本的期间费用

C. 与生产经营无关的费用

D. 小企业发生的所有费用

4. 核算小企业的生产费用应设置(        )账户。

A. "生产成本"                        B. "销售费用"

C. "制造费用"                        D. "管理费用"

5. 为具体反映计入产品成本的各种费用,应将生产费用按用途进一步分类,划分为若干个项目,称为产品成本项目,一般设立(        )项目。

A. 直接材料                          B. 直接人工

C. 制造费用                          D. 期间费用

6. 下列项目中,属于小企业生产费用在本月完工产品和月末在产品之间分配方法的有(        )。

A. 不计算在产品成本

B. 在产品成本按其所耗用的原材料费用计算

C. 约当产量比例法

D. 在产品按定额成本计算

7. 下列各项目中,不应计入产品成本的有(        )。

A. 技术转让费                        B. 行政管理部门设备折旧费

C. 行政管理人员工资                  D. 生产车间管理人员的工资

8. 制造费用的分配方法有( )。

A. 按生产工人工时分配　　　　B. 按机器工时分配

C. 按生产工人工资分配　　　　D. 按产成品产量分配

9. 下列项目中,属于小企业管理费用的有( )。

A. 小企业在筹建期间内发生的开办费　B. 业务招待费

C. 相关长期待摊费用摊销　　　　D. 行政管理部门发生的费用

10. 下列项目中,属于小企业财务费用的有( )。

A. 利息费用　　　　　　　　　B. 利息收入

C. 汇兑损失　　　　　　　　　D. 小企业享受的现金折扣

11. 下列项目中,属于小企业销售费用的有( )。

A. 销售人员的职工薪酬　　　　B. 销售商品的运杂费用

C. 广告费用　　　　　　　　　D. 商品的维修费用

### 三、判断题

1. 小企业的费用应当在支付时按照实际支付额计入当期损益。 ( )

2. 小企业产品完工时结转完工产品成本,借记"库存商品"等科目,贷记"制造费用"科目。 ( )

3. 管理费用和制造费用都是本期发生的费用,期末均应直接计入当期损益。 ( )

4. 小企业销售商品收入和提供劳务收入已予确认的,应当将已销售商品和已提供劳务的成本作为营业成本结转至当期损益。 ( )

5. 小企业产品的生产成本,在产品完工销售以后,将已销售产品的成本结转到主营业务成本。 ( )

6. 小企业向税务机关缴纳的税收滞纳金及罚款应在"营业税金及附加"账户核算。 ( )

7. 小企业日开展日常生产经营活动应负担的消费税、增值税、城市维护建设税应在"营业税金及附加"账户核算。 ( )

8. 小企业(批发业、零售业)在购买商品过程中发生的费用(包括:运输费、装卸费、包装费、保险费、运输途中的合理损耗和入库前的挑选整理费等),应计入所购入商品的成本。 ( )

9. 小企业的生产费用是指小企业在生产和经营管理过程中发生的,与生产产品有关,可以计入产品成本的费用。 ( )

10. 小企业的期间费用是指不计入产品成本、直接计入发生当期损益的费用。 ( )

11. 直接材料是指小企业直接用于产品生产并构成产品实体的原材料、辅助材料、备品备件、周转材料等。 ( )

12. 制造费用是指企业生产车间(部门)为组织和管理生产而发生的各项间接费用。 ( )

13. 小企业发生的各项生产费用,应当按照成本核算对象和成本项目进行归集。

（　　）

### 四、实务题

1. 某小企业基本生产车间生产甲、乙、丙三种产品,共计生产工时 22 000 小时,其中,甲产品 7 500 小时,乙产品 8 500 小时,丙产品 6 000 小时。本月发生的各种间接费用如下:

(1) 以银行存款支付劳动保护费 2 300 元。

(2) 车间管理人员工资 14 000 元。

(3) 以银行存款车间管理人员福利费 1 560 元。

(4) 车间消耗材料 1 700 元。

(5) 车间固定资产折旧费 21 600 元。

(6) 以银行存款支付车间机器设备修理费 6 500 元。

(7) 以银行存款支付车间水电费 8 400 元。

(8) 辅助生产成本(修理、运输费)转入 4 200 元。

(9) 以银行存款支付办公费、邮电费及其他支出等共计 940 元。

(10) 采用工时比例法在各种产品之间分配制造费用。

要求:根据上列资料编制制造费用发生和分配的会计分录。

2. 某小企业基本生产车间生产 A 产品和 B 产品,2015 年 2 月初"生产成本"的账户资料如下:

| 项　　　目 | 直接材料 | 直接人工 | 制造费用 |
| --- | --- | --- | --- |
| 生产成本基本生产成本(A 产品) | 35 000 | 15 000 | 10 000 |
| 生产成本基本生产成本(B 产品) | 60 000 | 28 000 | 12 000 |

2015 年 2 月企业发生的业务情况如下:

(1) 以银行存款支付业务招待费用 8 000 元。

(2) 银行存款支付设备修理费用 25 000 元。

(3) 生产车间领用个理用工具一批 1 800 元。

(4) 生产车间本月应提折旧费用 66 000 元。

(5) 领用原材料一批,A 产品生产领用 45 000 元;B 产品领用生产 140 000 元。

(6) 本月购进材料 270 000 元,增值税进项税额 45 900 元,款项以存款支付。

(7) 库存现金支付生产车间办公费用 360 元;行政管理部门办公费用 580 元。

(8) 银行存款支付产品展览费 39 000 元。

(9) 销售 A 产品 290 000 元,销项税额为 49 300 元;销售 B 产品 360 000 元,销项税额为 61 200 元,款项已收到。

(10) 本月应交城市维护建设税 4 522 元,应交教育费附加 1 938 元。

（11）本月发生工资如下：生产 A 产品工人工资 58 000 元；生产 B 产品工人工资 91 000 元；生产车间管理人员工资 11 300 元；管理部门人员工资 32 000 元；销售人员工资 17 300元。

（12）分配本月制造费用，制造费用按 A、B 产品生产工人工资的标准进行分配。

（13）按约当产量法计算出本月完工产品的成本，产品的生产只有一道工序，本月生产的 A 产品完工程度为 100％，B 产品的完工程度为 80％。

要求：根据业务资料编制会计分录，分配制造费用，完成完工产品成本的计算。

# 单元 8　财务成果业务处理

## 学习目标

◆ 会结转收入账务处理

◆ 会结转成本、费用账务处理

◆ 会结转营业外收支账务处理

◆ 会计算和结转企业所得税并进行账务处理

◆ 会进行所得税账务处理

◆ 熟悉利润分配的顺序和计算,会进行利润分配财务处理

利润分配情境如图 8-1 所示。

月末了,又是年底,我们需要把本月的利润核算好,公司已召开会议,还需分配利润。

好的,我会尽快把本月利润核算好,同时根据公司利润分配方案把利润分配的项目处理好。

财务主管　　　会计

图 8-1　利润分配情境图

利润是指小企业在一定会计期间的经营成果,包括营业利润、利润总额和净利润。

1. 营业利润

营业利润是指营业收入减去营业成本、营业税金及附加、销售费用、管理费用、财务费用,加上投资收益(或减去投资损失)后的金额。

2. 利润总额

利润总额是指营业利润加上营业外收入,减去营业外支出后的金额。

3. 净利润

净利润是指利润总额减去所得税费用后的净额。

小企业应设置"本年利润"账户,核算小企业当期实现的净利润(或发生的净亏损)。

 **任务 8.1 营业成本业务处理**

 **知识导航**

营业成本是指小企业销售商品的成本和提供劳务的成本,包括:主营业务成本和其他业务成本。小企业销售商品收入和提供劳务收入已予确认的,应当将已销售商品和已提供劳务的成本作为营业成本结转至当期损益。

1. 主营业务成本

主营业务成本是指小企业确认的销售商品或提供劳务等主营业务的成本。

小企业应设置"主营业务成本"账户,核算小企业确认销售商品或提供劳务等主营业务收入应结转的成本。借方登记销售商品或提供劳务等主营业务收入应结转的成本,贷方登记期末将该账户转入"本年利润"账户的金额,结转后该账户应无余额。该账户应按照主营业务的种类进行明细核算。

2. 其他业务成本

其他业务成本是指小企业确认的除主营业务活动以外的其他经营活动所发生的支出,包括销售材料的成本、出租固定资产的折旧费、出租无形资产的摊销额等。

小企业应设置"其他业务成本"账户,核算小企业确认的除主营业务活动以外的其他日常生产经营活动所发生的支出。借方登记除主营业务活动以外的其他日常生产经营活动所发生的支出,贷方登记期末将该账户转入"本年利润"账户的金额,结转后该账户应无余额。该账户应按照其他业务成本的种类进行明细核算。

## 活动 8.1.1　月终结转销售产品成本

 **活动背景**

销售产品成本结转情境如图 8-2 所示。

图 8-2　销售产品成本结转情境图

**活动资料**

月末，会计将本月已销售的产品数量进行汇总，并根据产品的单位成本，核算已销售产品的成本，编制销售产品成本计算表，如表 8-1 所示。

表 8-1

### 产品销售成本计算表

2014 年 12 月 31 日　　　　　　　　　　　　　　　　单位:元

| 产品名称 | 期初数量 | 单价 | 金额 | 本月入库数量 | 单价 | 金额 | 发出数量 | 单价 | 金额 | 结余数量 | 单价 | 金额 |
|---|---|---|---|---|---|---|---|---|---|---|---|---|
| 饭盒 | 2 000 | 7.176 2 | 14 352.31 | 12 000 | 7.764 0 | 93 167.69 | 10 000 | 7.68 | 76 800.00 | 4 000 | 7.68 | 30 720.00 |
| 密封盒 | 1 725 | 6.644 2 | 11 461.28 | 11 500 | 7.110 9 | 81 774.97 | 9 500 | 7.05 | 66 975.00 | 3 725 | 7.05 | 26 261.25 |
| 水杯 | 1 185 | 6.789 6 | 8 045.68 | 10 000 | 7.047 3 | 70 473.02 | 9 000 | 7.02 | 63 180.00 | 2 185 | 7.02 | 15 338.70 |
| 合计 | | | 33 859.27 | | | 245 415.68 | | | 206 955.00 | | | 72 319.95 |

审核:高山　　　　　　　　　　　　　　　　　　　　　　　　　制单:李一凡

活动指导

月末,小企业可根据本月销售各种商品或提供各种劳务实际成本,计算应结转的主营业务成本,借记"主营业务成本"科目,贷记"库存商品""生产成本""工程施工"等科目。

会计人员编制销售产品成本计算表,编制时根据已销售产品的数量和单位成本,计算出销售产品成本,计算公式:

以饭盒为例单位成本计算如下:

$$加权平均单位成本 = \frac{(期初结存产品成本 + 本期入库产品成本)}{(期初结存产品数量 + 本期入库产品数量)}$$

$$= \frac{14\,352.31 + 93\,167.69}{(2\,000 + 12\,000)}$$

$$= 7.68\,(元/个)$$

$$销售产品成本 = 产品销售数量 \times 单位成本$$

$$= 10\,000 \times 7.68$$

$$= 76\,800(元)$$

会计根据销售产品成本计算表,编制会计分录如下:

| | |
|---|---|
| 借:主营业务成本——饭　盒 | 76 800 |
| 　　　　　　　——密封盒 | 66 975 |
| 　　　　　　　——水　杯 | 63 180 |
| 　　贷:库存商品——饭　盒 | 76 800 |
| 　　　　　　——密封盒 | 66 975 |
| 　　　　　　——水　杯 | 63 180 |

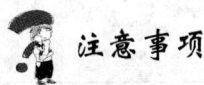

注意事项

小企业在销售产品时,因产品成本的计算需到月末才能核算入库产品单位成本,因此对已销售发出的产品成本,在销售时不能计算其成本,需在月末核算好入库产品单位成本后才能计算其成本。

本月发生的销售退回,可以直接从本月的销售数量中减去,得出本月销售的净数量,然后计算应结转的主营业务成本,也可以单独计算本月销售退回成本,借记"库存商品"等科目,贷记"主营业务成本"科目。

## 活动 8.1.2 月终结转销售材料成本

**活动背景**

销售材料成本结转情境如图 8-3 所示。

本月我们有销售材料，销售材料的成本也要结转。

销售的材料比较少，数据早已算好了，正在进行成本结转的账务处理。

财务主管　会计

图 8-3　销售材料成本结转情境图

**活动资料**

月末，会计将本月已销售的材料数量进行汇总，并根据材料的单位成本，核算已销售材料的成本，编制销售材料成本计算表，如表 8-2 所示。

表 8-2

### 材料销售成本计算表

2014 年 12 月 31 日　　　　　　　　　　　　　　　NO 1309

| 品名及规格 | 销售数量（千克） | 单位成本 | 总成本 |
|---|---|---|---|
| 红色母料 | 1.5 | 308.08 | 462.13 |
|  |  |  |  |
|  |  |  |  |
| 合计 |  |  | ￥462.12 |

主管：高山　　　　　　　　复核：周迪生　　　　　　　　制单：李一凡

**活动指导**

小企业发生的其他业务成本，借记"其他业务成本"科目，贷记"原材料""周转材料""累计折旧""累计摊销""银行存款"等科目。

月末,会计人员编制销售材料成本计算表,编制时根据已销售材料的数量和单位成本,计算出销售材料成本,计算公式:

$$销售材料成本＝材料销售数量×单位成本$$

会计根据销售产品成本计算表,编制会计分录如下:

借:其他业务成本——销售材料　　　　　　　　　　　　　　　462.12
　贷:原材料——红色母料　　　　　　　　　　　　　　　　　　462.12

## 任务8.2　营业税金及附加业务处理

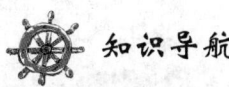

营业税金及附加是指小企业开展日常生产经营活动应负担的消费税、营业税、城市维护建设税、资源税、土地增值税、城镇土地使用税、房产税、车船税、印花税和教育费附加、矿产资源补偿费、排污费等。

小企业应设置"营业税金及附加"账户,核算小企业开展日常生产经营活动应负担的相关税费。该账户应按照税费种类进行明细核算,借方核算企业按规定计算确定的与经营活动相关的税费;贷方核算期末结转到"本年利润"账户的金额,结转后本账户应无余额。

城市维护建设税是国家对缴纳增值税、消费税、营业税的单位和个人,就其实际缴纳的增值税、消费税、营业税税额为计税依据征收的一种税。城市维护建设税按纳税人所在地的不同,设置了三档地区差别比例税率,即纳税人所在地为市区的,税率为7%;纳税人所在地为县城、建制镇的,税率为5%;纳税人所在地不在市区、县城或者建制镇的,税率为1%。教育费附加是国家对缴纳增值税、消费税、营业税的单位和个人征收的一种附加费,其征收率为3%。

## 活动 8.2.1　计算应缴纳城市维护建设税、教育费附加

**活动背景**

城市维护建设税、教育费附加核算情境如图 8-4 所示。

本月的城建税、教育费附加分别是多少？算出来了吗？

哦，还没算好，需先把增值税、营业税、消费税计算好了才行。

财务主管　　会计

图 8-4　城市维护建设税、教育费附加核算情境图

**活动资料**

月末，会计人员根据增值税明细账，计算出本月实际应缴纳的增值税（公司没有发生营业税、消费税）。经查公司本月增值税明细账销项税额为 82 662.50 元，进项税额为 34 939.39 元，没有涉及上期留抵和进项税额转出税费计算如表 8-3 所示。

本月应交增值税＝销项税额－进项税额

＝82 662.50－34 939.39

＝47 723.11（元）

计算出本月应交的城市维护建设税、教育费附加。

表 8-3　　　　　　　　　　　税费计算表

2014 年 12 月 31 日　　　　　　　　　　单位:元

| 税(费)种 | 计税基数 | 税(费)率 | 税(费)额 |
|---|---|---|---|
| 城市维护建设税 | 47 723.11 | 7% | 3 340.62 |
| 教育费附加 | 47 723.11 | 3% | 1 431.69 |
| 合计 | | | ￥4 772.31 |

复核:高山　　　　　　　　　　　　　　制表:李一凡

 **活动指导**

　　小企业按税法规定应缴纳的城市维护建设税、教育费附加,借记"营业税金及附加",贷记"应交税费——应交城市维护建设税""应交税费——应交教育费附加"科目;上交时,借记"应交税费——应交城市维护建设税""应交税费——应交教育费附加"科目,贷记"银行存款"科目。

　　1. 城市维护建设税计算

　　城市维护建设税是以纳税人实际缴纳的增值税、消费税、营业税税额(简称"三税")为计税依据计算缴纳。其计算公式如下:

　　　　应纳城市维护建设税=(实际缴纳的增值税、消费税、营业税"三税"税额)×适用税率

　　税率按纳税人所在地分别规定为:市区7%,县城和建制镇5%,乡村1%。

　　2. 教育费附加计算

　　教育费附加是以纳税人实际缴纳的增值税、消费税、营业税的税额为计费依据计算缴纳。其计费公式如下:

　　应纳教育费附加=(实际缴纳的增值税、消费税、营业税"三税"税额)×3%。

　　教育费附加征收率为"三税"税额的3%。

　　根据审核无误的税费计算表,编制如下会计分录:

借:营业税金及附加　　　　　　　　　　　　　　　　　　4 772.31
　贷:应交税费——应交城市维护建设税　　　　　　　　　　3 340.62
　　　　——应交教育费附加　　　　　　　　　　　　　　1 431.69

 **注意事项**

　　小企业在计提城市维护建设税、教育费附加时要注意税率的选择,计税时按照实际缴纳的增值税、消费税、营业税三税税额计算。

　　实际上缴税款时,借记"应交税费——应交城市维护建设税""应交税费——应交教育费附加"科目,贷记"银行存款"科目。

 **任务8.3　期末结转损益类账户业务处理**

 **知识导航**

　　小企业应设置"本年利润"账户,核算小企业当期实现的净利润(或发生的净亏损)。借

方登记本月发生的成本、费用、支出结转数额,贷方登记本月发生的收入、收益结转数额。

月末小企业应将当月发生的损益结转到"本年利润"账户,结转后,损益类账户无余额。

1. 结转收入、收益

月末,将本月发生各项收益结转到"本年利润"账户的贷方,结转后,收入、收益账户无余额。结转时,借记"主营业务收入""其他业务收入""投资收益""营业外收入"等科目;贷记"本年利润"科目。

2. 结转成本、费用或支出

月末,将本月发生的成本、费用或支出金额结转到"本年利润"账户的借方,结转后成本、费用及支出账户无余额。结转时,借记"本年利润"科目;贷记"主营业务成本""其他业务成本""营业税金及附加""销售费用""管理费用""财务费用""营业外支出""所得税费用"等科目。期末结转如表8-4所示:

表 8-4　　　　　　　　　期末结转损益类账户

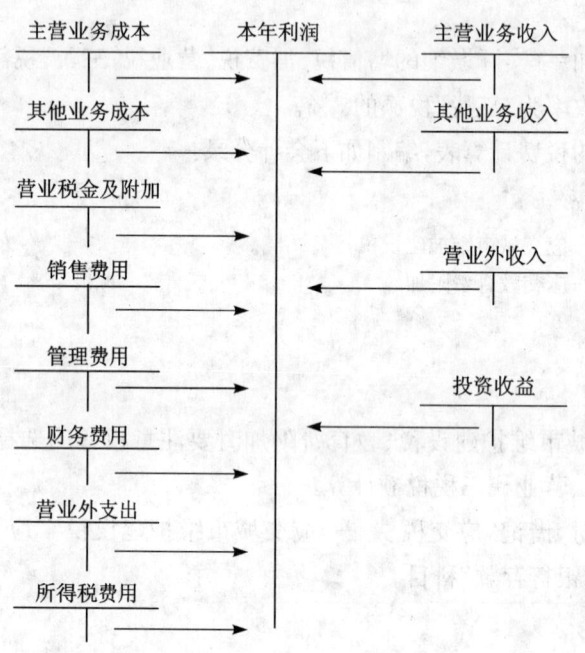

## 活动 8.3.1 结 转 损 益

**活动背景**

结转损益情境如图 8-5 所示。

图 8-5 结转损益情境图

**活动资料**

月末结账前,各损益类账户余额如表 8-5 所示。

表 8-5　　　　　　　　　　损益类账户前余额表

| 收入类账户 | 贷方 | 成本、费用类账户 | 借方 |
|---|---|---|---|
| 主营业务收入 | 485 500.00 | 主营业务成本 | 206 955.00 |
| 其他业务收入 | 750.00 | 其他业务成本 | 462.12 |
| 营业处收入 | 600.00 | 营业税金及附加 | 4 772.31 |
|  |  | 管理费用 | 78 161.00 |
|  |  | 财务费用 | 8 304.00 |
|  |  | 销售费用 | 44 589.82 |
|  |  | 营业外支出 | 1 870.40 |

**活动指导**

月末,小企业应将所有损益类账户余额转入"本年利润"账户,结转后,损益类账户无余额。损益类账户结转后(不包括所得税费用结),此时"本年利润"账户反映计算出的数额是

利润总额;按税法规定还需要计算出企业应纳税所得额,并按应纳税所得额计算出应纳所得税额,应纳所得税额通过"所得税费用"账户核算,将所得税费用结转至"本年利润"账户借方后,计算出"本年利润"账户余额,该余额即为企业的净利润。

根据损益类账户结账前余额表,编制会计分录如下:

1. 结转收入、收益

| | |
|---|---|
| 借:主营业务收入 | 485 500 |
| 其他业务收入 | 750 |
| 营业外收入 | 600 |
| 贷:本年利润 | 486 850 |

2. 结转成本、费用及支出

| | |
|---|---|
| 借:本年利润 | 345 114.65 |
| 贷:主营业务成本 | 206 955 |
| 其他业务成本 | 462.12 |
| 营业税金及附加 | 4 772.31 |
| 销售费用 | 44 589.82 |
| 管理费用 | 78 161 |
| 财务费用 | 8 304 |
| 营业外支出 | 1 870.40 |

12月份实现的利润总额=486 850-345 114.65=141 735.35(元)

 **注意事项**

(1)"投资收益"账户结转前余额在借方,则表示投资亏损,结转时,将"投资收益"账户的借方余额,转入"本年利润"账户,借记"本年利润"科目,贷记"投资收益"科目。

(2)"财务费用"账户结转前余额在贷方,则表示有利息收入,结转时,将"财务费用"账户的贷方余额,转入"本年利润"账户,借记"财务费用"科目,贷记"本年利润"科目。

(3)"所得税费用"账户金额,需要在计算出利润总额后才能计算出来,因此,在结转时需先把其他损益类账户结转完成后,计算出"所得税费用"金额再进行结转。

(4)损益类账户结转后,"本年利润"账户的贷方余额为当期实现的净利润;借方余额为当期发生的净亏损。

**任务8.4 结转所得税费用业务处理**

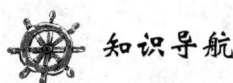 知识导航

企业所得税是对我国境内企业和其他取得收入的组织,就其生产经营所得和其他所得征收的一种税。其计税依据为应纳税所得额。

## 一、应纳所得税额的计算

### 1. 应纳税所得额的计算

按《中华人民共和国企业所得税法》第五条规定,"企业每一纳税年度的收入总额,减除不征税收入、免税收入、各项扣除以及允许弥补的以前年度亏损后的余额,为应纳税所得额"。小企业应纳所得税额的计算公式如下:

应纳税所得额＝收入总额－不征税收入－免税收入－各项扣除－弥补以前年度亏损

在会计实务中,按《小企业会计准则》核算的小企业在一定会计期间的经营成果是利润总额(税前会计利润),从会计核算资料中无法直接取得应纳税所得额这一指标。并且由于《小企业会计准则》与税法对收入、费用、资产、负债等的确认时间和范围也有所不同,小企业按照会计核算的原则和方法计算的利润总额,与按照税法规定计算的应纳税所得额之间也存在一定差异。

《中华人民共和国企业所得税法》第二十一条规定,"在计算应纳税所得额时,企业财务、会计处理办法与税收法律、行政法规的规定不一致的,应当依照税收法律、行政法规的规定计算"。因此,在实际工作中,计算应纳税所得额时,小企业应当在利润总额的基础上,按照企业所得税法规定进行纳税调整,计算出当期应纳税所得额。其计算应纳税所得额公式如下:

应纳税所得额＝利润总额＋纳税调整增加额－纳税调整减少额

利润总额＝营业利润＋营业外收入－营业外支出

营业利润＝营业收入－营业成本－营业税金及附加－销售费用－管理费用－财务费用－
投资收益(或减去投资损失)

营业收入＝主营业务收入＋其他业务收入

营业成本＝主营业务成本＋其他业务成本

### 2. 应纳所得税额的计算

小企业应当在利润总额的基础上,按照企业所得税法规定进行纳税调整,计算出当期

应纳税所得额,在查账征收方式下,按照应纳税所得额与适用所得税税率为基础计算确定当期应纳税额。其计算公式如下:

$$当期应纳所得税额＝当期应纳税所得额×适用所得税税率$$

$$当期所得税费用＝当期应纳所得税额$$

## 二、企业所得税法部分纳税调整项目

### 1. 不征税收入

企业所得税法规定的不征税收入主要包括以下几项:

(1) 财政拨款,指各级人民政府对纳入预算管理的事业单位、社会团体等组织拨付的财政资金,但国务院和国务院财政、税务主管部门另有规定的除外。

(2) 行政事业性收费,指依照法律、法规等有关规定,按照国务院规定程序批准,在实施社会公共管理,以及在向公民、法人或者其他组织提供特定公共服务过程中,向特定对象收取并纳入财政管理的费用。

(3) 政府性基金,指企业依照法律、行政法规等有关规定,代政府收取的具有专项用途的财政资金。

(4) 国务院规定的其他不征税收入,指企业取得的,由国务院财政、税务主管部门规定专项用途并经国务院批准的财政性资金。

### 2. 免税收入

企业所得税法规定的免税收入主要包括以下几项:

(1) 国债利息收入,指企业持有国务院财政部门发行的国债取得的利息收入。

(2) 符合条件的居民企业之间的股息、红利等权益性投资收益,指居民企业直接投资于其他居民企业取得的投资收益。

(3) 在中国境内设立机构、场所的非居民企业从居民企业取得与该机构、场所有实际联系的股息、红利等权益性投资收益。

(4) 符合条件的非营利组织的收入。

### 3. 部分各项扣除的规定

(1) 与取得收入直接相关的支出,准予扣除。

(2) 收益性支出在发生当期直接扣除;资本性支出应当分期扣除或者计入有关资产成本,不得在发生当期直接扣除。

(3) 企业实际发生的成本、费用、税金、损失和其他支出,不得重复扣除。

(4) 企业发生的除企业所得税和允许抵扣的增值税以外的各项税金及其附加,准予扣除。

(5) 企业在生产经营活动中发生的固定资产和存货的盘亏、毁损、报废损失,转让财产损失,呆账损失,坏账损失,自然灾害等不可抗力因素造成的损失以及其他损失,准予扣除。

企业已经作为损失处理的资产,在以后纳税年度又全部收回或者部分收回时,应当计入当期收入。

(6) 除成本、费用、税金、损失外,企业在生产经营活动中发生的与生产经营活动有关的、合理的支出,准予扣除。

(7) 企业发生的合理的工资、薪金支出,准予扣除。

工资、薪金,包括基本工资、奖金、津贴、补贴、年终加薪、加班工资,以及与员工任职或者受雇有关的其他支出。

(8) 企业为职工缴纳的基本养老保险费、基本医疗保险费、失业保险费、工伤保险费、生育保险费等基本社会保险费和住房公积金,准予扣除。

企业为投资者或者职工支付的补充养老保险费、补充医疗保险费,在国务院财政、税务主管部门规定的范围和标准内,准予扣除。

(9) 企业为投资者或者职工支付的商业保险费,不得扣除。

(10) 企业在生产经营活动中发生的合理的不需要资本化的借款费用,准予扣除。

(11) 企业在生产经营活动中发生的下列利息支出,准予扣除:非金融企业向金融企业借款的利息支出、金融企业的各项存款利息支出和同业拆借利息支出、企业经批准发行债券的利息支出;非金融企业向非金融企业借款的利息支出,不超过按照金融企业同期同类贷款利率计算的数额的部分。

(12) 企业发生的职工福利费支出,不超过工资、薪金总额 14% 的部分,准予扣除。

(13) 企业拨缴的工会经费,不超过工资、薪金总额 2% 的部分,准予扣除。

(14) 企业发生的职工教育经费支出,不超过工资、薪金总额 2.5% 的部分,准予扣除;超过部分,准予在以后纳税年度结转扣除。

(15) 企业发生的与生产经营活动有关的业务招待费支出,按照发生额的 60% 扣除,但最高不得超过当年销售(营业)收入的 5‰。

(16) 企业发生的符合条件的广告费和业务宣传费支出,除国务院财政、税务主管部门另有规定外,不超过当年销售(营业)收入 15% 的部分,准予扣除;超过部分,准予在以后纳税年度结转扣除。

(17) 企业依照法律、行政法规有关规定提取的用于环境保护、生态恢复等方面的专项资金,准予扣除。上述专项资金提取后改变用途的,不得扣除。

(18) 企业参加财产保险,按照规定缴纳的保险费,准予扣除。

(19) 企业发生的合理的劳动保护支出,准予扣除。

(20) 企业发生的公益性捐赠支出,不超过年度利润总额 12% 的部分,准予扣除。

年度利润总额,是指企业依照国家统一会计制度的规定计算的年度会计利润。

## 三、科目设置

为了核算和监督所得税的计算和缴纳情况,小企业应设置"所得税费用"和"应交税费——应交所得税"两个账户。

"所得税费用"账户属于损益类账户,借方登记小企业根据企业所得税法确定的应从当期利润总额中扣除的所得税费用;贷方登记期末结转到"本年利润"账户的金额。

期末,应将"所得税费用"账户的余额转入"本年利润"账户,结转后该账户应无余额。小企业根据企业所得税法规定补缴的所得税,也通过该账户核算。小企业按照规定实行企业所得税先征后返的,实际收到返还的企业所得税,在"营业外收入"账户核算,不在该科账户算。

"应交税费——应交所得税"账户属于负债类账户,核算小企业按企业所得税法规定应缴纳的所得税。贷方登记按企业所得税法规定计算出的当期应纳所得税额;借方登记实际缴纳的企业所得税;期末贷方余额,反映小企业尚未缴纳的企业所得税;如为借方余额,反映小企业多缴的企业所得税。

## 活动 8.4.1 计算、结转已缴纳所得税

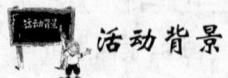 **活动背景**

所得税计算情境如图 8-7 所示。

图 8-7 所得税计算情境图

 **活动资料**

本公司当月没有应纳税所得额调整项目,应纳税所得额＝利润总额,所得税税率为25%。月末,会计人员根据本月实现的利润总额,计算应纳所得税额,编制所得税计算表。所得税计算表如表 8-6 所示。

**表 8-6**　　　　　　　　　　　　　　**所得税计算表**

2014 年 12 月 31 日　　　　　　　　　　　　　　单位:元

| 利润总额 | 应纳税所得额 | 企业所得税税率 | 应交所得税额 |
|---|---|---|---|
| 141 735.35 | 141 735.35 | 25% | 35 433.84 |

复核:高山　　　　　　　　　　　　　　　　　　　　　　　　制表:李一凡

 **活动指导**

小企业所计提所得税费用时,借记"所得税费用"科目,贷记"应交税费——应交企业所得税"科目;期末结转所得税费用时,借"本年利润"科目,贷记"所得税费用"科目。

(1) 计算应纳所得税额:

$$应纳税所得额 = 利润总额 = 141\ 735.35(元)$$

$$应纳税所得额 = 利润总额 \times 25\%$$

$$= 141\ 735.35 \times 25\%$$

$$= 35\ 433.84(元)$$

(2) 根据审核无误的所得税计算表,编制会计分录如下:

借:所得税费用　　　　　　　　　　　　　　　　35 433.84

　　贷:应交税费——应交企业所得税　　　　　　　　　35 433.84

借:本年利润　　　　　　　　　　　　　　　　　35 433.84

　　贷:所得税费用　　　　　　　　　　　　　　　　35 433.84

12 月份实现的净利润 = 利润总额 - 所得税费用 = 141 735.35 - 35 433.84

　　　　　　　　　 = 106 301.51(元)

  **任务 8.5　利润分配及年终结转利润业务处理**

 **知识导航**

利润分配是指小企业根据国家有关规定和企业章程、投资者协议等,对小企业当年可供分配的利润所进行的分配。

1. 利润分配的一般程序

小企业以当年净利润弥补以前年度亏损等剩余的税后利润,可用于向投资者进行分配。

公司制小企业在分配当年税后利润时,应当按照《中华人民共和国公司法》的规定提取法定公积金和任意公积金。除法律、行政法规另有规定外,公司制小企业按照以下顺序分配:

(1) 弥补以前年度亏损。

(2) 提取 10％法定公积金。法定公积金累计额达到注册资本 50％以后,可以不再提取。

(3) 提取任意公积金。任意公积金提取比例由企业董事会或股东大会决定。

(4) 向投资者分配利润。企业以前年度未分配的利润,并入本年度净利润,在充分考虑现金流量状况后,向投资者分配。

企业发生的年度经营亏损,依照税法的规定弥补。税法规定年限内的税前利润不足弥补的,用以后年度的税后利润弥补,或者经投资者审议后用盈余公积弥补。

企业弥补以前年度亏损和提取盈余公积后,当年没有可供分配的利润时,不得向投资者分配利润,但法律、行政法规另有规定的除外。

2. 利润分配的核算

小企业应设置"利润分配"账户,核算小企业利润的分配(或亏损的弥补)和历年分配(或弥补)后的余额。该账户属所有者权益账户,应按照"应付利润""未分配利润""提取法定盈余公积""提取任意盈余公积"等进行明细核算。借方登记年末由"本年利润"账户转入的全年发生的净亏损或利润分配的数额;贷方登记年末由"本年利润"账户转入的全年实现的净利润和亏损的弥补情况。该账户年末余额,如果在借方,反映小企业的未弥补亏损;如果在贷方反映小企业的未分配利润。

小企业应设置"应付利润"账户,核算向股东分配可供分配的利润,该账户属负债账户,应按股东名称进行明细核算,借方登记支付给股东的利润,贷方登记按利润分配方案分配给股东的利润,该账户余额一般在贷方,表示尚未支付给股东的利润。

"盈余公积"账户核算小企业(公司制)按公司法规定在税后利润中提取的法定盈余公积和任意盈余公积。借方登记小企业用盈余公积弥补亏损或者转增资本;贷方登记按照法律规定在税后利润中提取的法定公积金和任意公积金,余额在贷方表示企业的盈余公积。小企业用盈余公积弥补亏损或者转增资本,应当冲减盈余公积。小企业的盈余公积还可以用于扩大生产经营。

## 活动 8.5.1　年终结转净利润

 **活动背景**

年终结转净利润情境如图 8-7 所示。

图 8-7　年终结转净利润情境图

 **活动指导**

将全年实现的净利润转入利润分配。1～11 月份共实现盈利为 375 492.56 元,12 月份实现盈利为 106 301.51 元。

 **活动指导**

年度终了,小企业应当将本年实现的净利润,自"本年利润"账户转入"利润分配"账户,借记"本年利润"科目,贷记"利润分配——未分配利润"科目;为净亏损的,作相反的会计分录。

根据本月实现的净利润,编制会计分录如下:

借:本年利润　　　　　　　　　　　　　　　　　　　　　481 794.07

　贷:利润分配——未分配利润　　　　　　　　　　　　　　481 794.07

## 活动 8.5.2  年终分配利润

 **活动背景**

股东会议情境如图 8-8 所示。

图 8-8  股东会议情境图

 **活动资料**

根据我国公司法规定和投资者决议,对净利润进分配,如表 8-7 所示。

表 8-7

---

### 股东会决议

一、会议日期:2014 年 12 月 31 日
二、会议地点:公司行政会议室
三、出席人员:投资人李明
       投资人东莞市花园纸业有限公司法人代表
四、会议决议事项。经股东会全体股东一致通过,作出如下决议:
2014 年年初未分配利润金额为 352 860.00 元。鉴于公司 2014 年实现净利润为 481 794.07 元,决议按如下方案对本年度实现净利润进行分配:
1. 按公司法的有关规定提取 10%的法定盈余公积作为储备基金,金额为 48 179.41 元。
2. 根据出资比例向投资者分配利润共计 200 000 元。其中投资者李明 120 000 元,东莞市花园纸业有限公司 80 000 元。
3. 分配完毕后,未分配利润期末余额为 586 474.66 元。
一致同意上述决定事项
       特此决议
投资者签名或盖章:李明
       东莞市花园纸业有限公司

---

## 活动指导

小企业根据有关规定分配给投资者的利润,借记"利润分配——应付利润"科目,贷记"应付利润"科目。

小企业(公司制)按规定从净利润中提取盈余公积时,借记"利润分配——提取法定盈余公积""利润分配——提取任意盈余公积"科目,贷记"盈余公积——法定盈余公积""盈余公积——任意盈余公积"科目;用盈余公积弥补亏损,借记"盈余公积"科目,贷记"利润分配——盈余公积补亏"科目。

根据股东会决议,提取法定盈余公积编制会计分录如下:

借:利润分配——提取法定盈余公积          48 179.41

  贷:盈余公积——法定盈余公积          48 179.41

根据股东会决议,分配给股东利润编制会计分录如下:

借:利润分配——应付利润           200 000

  贷:应付利润——李明           120 000

     ——东莞市花园纸业有限公司      80 000

年度终了,小企业应当将全年已分配的利润进行明细科目的结转,借记"利润分配——未分配利润",贷记"利润分配——提取法定盈余公积""利润分配——应付利润"科目。

根据本年已分配的利润,编制会计分录如下:

借:利润分配——未分配利润          248 179.41

  贷:利润分配——提取法定盈余公积        48 179.41

     ——应付利润          200 000.00

## 单元练习

### 一、单项选择题

1. 净利润是指利润总额减去( )后的净额。

A. 期间费用          B. 所得税费用

C. 营业外支出         D. 制造费用

2. 下列营业利润的计算公式中,正确的是( )。

A. 营业利润=主营业务收入+其他业务收入-营业成本-营业税金及附加-销售费用-管理费用-财务费用+投资收益(-投资损失)+营业外收入-营业外支出

B. 营业利润=营业收入-营业成本-营业税金及附加-销售费用-管理费用-财务费用+投资收益(-投资损失)+营业外收入

C. 营业利润=主营营业务收入+其他业务收入-营业成本-营业税金及附加-销售费

用－管理费用－财务费用＋投资收益(－投资损失)

D. 营业利润＝营业收入－营业成本－营业税金及附加－销售费用－管理费用－财务费用＋投资收益(－投资损失)＋营业外收入－营业外支出

3. 某小企业 2014 年度营业利润为 4 530 万元,主营业务收入为 5 500 万元,销售费用为 20 万元,管理费用 25 万元,投资收益为 20 万元,营业外收入为 220 万元,营业外支出为 200 万元,所得税税率为 25%。假定不考虑其他的因素,该小企业 2014 年度的净利润应为( )万元。

    A. 3 397.5        B. 3 427.5        C. 3 412.5        D. 3 753. 75

4. 某小企业本期主营业务收入为 500 万元,主营业务成本为 300 万元,其他业务收入为 200 万元,其他业务成本为 100 万元,销售费用为 15 万元,管理费用为 45 万元,营业外收入为 50 万元,营业外支出为 60 万元,投资收益为 20 万元。假定不考虑其他因素,该小企业本期营业利润为( )万元。

    A. 240        B. 250        C. 260        D. 187.5

5. 小企业销售商品的成本和所提供劳务的成本,应当计入( )。

    A. 主营业务成本    B. 生产成本    C. 制造费用    D. 其他业务成本

6. 小企业确认的其他经营活动所发生的支出,包括销售材料的成本、出租固定资产的折旧费、出租无形资产的摊销额等,应当计入( )。

    A. 主营业务成本    B. 生产成本    C. 制造费用    D. 其他业务成本

7. 小企业开展日常生产经营活动应负担的相关税费,应当计入( )。

    A. 主营业务成本    B. 营业税金及附加  C. 所得税费用    D. 其他业务成本

8. 城市维护建设税是以实际缴纳的( )为计税依据。

    A. 增值税                       B. 消费税

    C. 营业税                       D. 增值税＋消费税＋营业税

9. 期末,将本月发生各项收益结转到( )。

    A. "本年利润"账户的借方        B. "本年利润"账户的贷方

    C. "利润分配"账户的借方        D. "利润分本"账户的贷方

10. 期末,将本月发生损益类中的各项收益结转到( )。

    A. "本年利润"账户的借方        B. "本年利润"账户的贷方

    C. "利润分配"账户的借方        D. "利润分本"账户的贷方

11. 期末,将本月发生损益类中的各项成本、费用或支出结转到( )。

    A. "本年利润"账户的借方        B. "本年利润"账户的贷方

    C. "利润分配"账户的借方        D. "利润分本"账户的贷方

12. 公司制小企业按照以下( )顺序分配利润。

    A. 弥补以前年度亏损、提取法定公积金、提取任意公积金、向投资者分配利润

B. 提取法定公积金、提取任意公积金、向投资者分配利润、弥补以前年度亏损

C. 弥补以前年度亏损、提取任意公积金、提取法定公积金、向投资者分配利润

D. 向投资者分配利润、弥补以前年度亏损、提取法定公积金、提取任意公积金

13. 公司制小企业以当年净利润弥补以前年度亏损后金额按(　　)提取法定公积金。

A. 5%　　　　　　B. 10%　　　　　　C. 14%　　　　　　D. 20%

14. 小企业应设置(　　)账户,核算小企业利润的分配(或亏损的弥补)和历年分配(或弥补)后的余额。

A.“本年利润”　　B.“盈余公积”　　C.“利润分配”　　D.“资本公积”

15. 小企业(公司制)按公司法规定在税后利润中提取的法定盈余公积和任意盈余公积,通过(　　)账户核算。

A.“本年利润”　　B.“盈余公积”　　C.“利润分配”　　D.“资本公积”

**二、多项选择题**

1. 利润是指小企业在一定会计期间的经营成果,包括(　　)。

A. 主营业务利润　　B. 营业利润　　C. 利润总额　　D. 净利润

2. 列各项中,会影响企业营业利润项目的有(　　)。

A. 管理费用　　　　B. 劳务收入　　C. 出售原材料收入　D. 投资收益

3. 小企业的营业成本包括(　　)。

A. 主营业务成本　　B. 其他业务成本　　C. 生产成本　　　　D. 制造费用

4. 其他业务成本是指小企业确认的除主营业务活动以外的其他经营活动所发生的支出,包括(　　)。

A. 销售商品的成本　　　　　　　　B. 出租固定资产的折旧费

C. 销售材料的成本　　　　　　　　D. 出租无形资产的摊销额

5. 城市维护建设税是以纳税人实际缴纳(　　)的税额为计税依据计算缴纳。

A. 增值税　　　　　B. 消费税　　　　C. 营业税　　　　D. 关税

6. 下列各账户的余额,期末应结转到“本年利润”账户的有(　　)。

A.“营业外收入”　　B.“营业外支出”　　C.“投资收益”　　D.“财务费用”

7. 下列选项中属于小企业应纳所得税额的计算公式的有(　　)。

A. 应纳税所得额＝收入总额－不征税收入－免税收入－各项扣除－弥补以前年度亏损

B. 应纳税所得额＝收入总额－费用总额

C. 应纳税所得额＝营业利润＋营业外收支净额

D. 应纳税所得额＝利润总额＋纳税调整增加额－纳税调整减少额

8. 下列选项中属于企业所得税法规定的不征税收入的有(　　)。

A. 国债利息收入　　　　　　　　　B. 非营利组织收入

C. 行政事业性收费      D. 政府性基金

9. 下列选项中属于企业所得税法规定的免税收入的有(　　)。

A. 国债利息收入

B. 非营利组织收入

C. 财政拨款

D. 居民企业之间的股息、红利等权益性投资收益

10. 公司制小企业"利润分配"科目应设置的明细科目主要有(　　)。

A. "未分配利润"      B. "提取任意盈余公积"

C. "应付利润"      D. "提取法定盈余公积"

11. 企业在计算应纳税所得额时,下列项目(　　)不得扣除。

A. 合理的工资薪金支出      B. 基本社会保险费和住房公积金

C. 商业保险费      D. 投资收益

### 三、判断题

1. 净利润是指利润总额减去所得税费用后的净额。　　　　　　　　　(　　)

2. 期末,小企业需将所有损益类账户的发生额结转至"本年利润"账户,结转后损益类账户无余额。　　　　　　　　　(　　)

3. 小企业开展日常生产经营活动应负担的增值税、所得税通过"营业税金及附加"账户核算工。　　　　　　　　　(　　)

4. 教育费附加是以纳税人实际缴纳的增值税、消费税、营业税、关税的税额为计费依据计算缴纳。　　　　　　　　　(　　)

5. 小企业的盈余公积不得用于弥补亏损。　　　　　　　　　(　　)

6. 小企业用盈余公积转增资本或弥补亏损,均不影响所有者权益总额的变化。(　　)

7. 小企业的费用应当在支付时按照实际支付额计入当期损益。　　　(　　)

8. "本年利润"属于损益类账户,所以年终需要将其余额转入"利润分配"账户,转账后该账户无余额。　　　　　　　　　(　　)

9. 某小企业年初未分配利润借方余额为45万元,即以前年度亏损45万元,当年实现利润总额20万元。则该小企业当年需要缴纳企业所得税6.6万元。　　　(　　)

### 四、实务题

1. 某小企业2014年12月份发生如下经济业务:

(1) 销售A产品1 000件,每件售价2 400元,货款2 400 000元,增值税税率为17%,已收到货款和增值税税款。A产品的单位成本为2 000元。

(2) 销售B产品10件,每件售价50 000元,每件单位成本为26 000元,收到商业汇票一张。

(3) 销售材料一批,不含税售价30 000元,成本为29 000元,款项已收到。

(4) 购进材料一批,价款 80 000 元,进项税额 13 600 元,款项已支付。

(5) 以银行存款支付管理费用 17 000 元,销售费用 12 000 元,财务费用 1 300 元。

(6) 支付税收罚款 2 500 元。

(7) 计算并上缴本月增值税。

(8) 计算并上缴本月城市维护建设税和教育费附加。

(9) 将本月损益类账户结转到本年利润账户。

(10) 计算并上缴本月的所得税。

要求:根据上述资料编制会计分录,并计算营业利润和利润总额指标。

2. 某小企业 2014 年度已完成处理及已知事项:年初未分配利润为 30 万元,本年利润总额为 90 万元,适用的企业所得税税率为 25%。经查,当年营业外支出中有 10 万元为税款滞纳金及罚款,投资收益中有 2 万元为国库券利息收入。除此之外,不存在其他纳税调整因素。

该小企业年末还有未进行账务处理的事项如下:

(1) 计算出全年应缴纳的企业所得税。

(2) 将全年实现的利润结转到"利润分配"账户,编制结转会计分录。

(3) 计算按税后利润 10% 提取的法定盈余公积,编制会计分录。

(4) 提取任意盈余公积 7 万元,编制会计分录。

(5) 向投资者利润 30 万元,并通过银行支付分配的利润给投资者,编制会计分录。

(6) 结转本年已分配的利润,编制会计分录。

要求:根据以上资料完成未处理事项。

# 单元 9  财务报表编制

### 学习目标

◆ 了解资产负债表的基本结构及编制要求

◆ 熟悉资产负债表的编制原理和方法

◆ 能编制资产负债表

◆ 了解利润表的基本结构及编制要求

◆ 熟悉利润表的编制原理和方法

◆ 能编制利润表

编制报表情境如图 9-1 所示。

图 9-1　编制报表情境图

　　小企业应当根据实际发生的交易和事项,按照《小企业会计准则》的规定进行确认和计量,在此基础上按月或者按季编制财务报表。

1. 财务报表的构成

财务报表是指对小企业财务状况、经营成果和现金流量的结构性表述。小企业的财务报表至少应当包括：资产负债表、利润表、现金流量表、附注。

小企业财务报表的种类如表 9-1 所示。

表 9-1　　　　　　　　　　　　小企业财务报表种类

| 编号 | 报表名称 | 编报期 |
| --- | --- | --- |
| 会小企 01 表 | 资产负债表 | 月报、年报 |
| 会小企 02 表 | 利润表 | 月报、年报 |
| 会小企 03 表 | 现金流量表 | 月报、年报 |

2. 财务报表编制的基本要求

小企业应按照《小企业会计准则》的有关规定，对外提供真实、完整的财务报表。小企业不得违反规定，随意改变财务报表的编制基础、编制依据、编制原则和方法，不得随意改变《小企业会计准则》规定的财务报表有关数据的会计口径。

 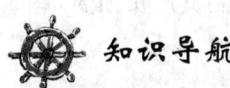 **任务 9.1　资产负债表的编制**

知识导航

资产负债表是指反映小企业在某一特定日期的财务状况的报表。资产负债表属静态报表，编制的理论依据是"资产＝负债＋所有者权益"。

资产负债表应当列示资产总计项目，负债和所有者权益总计项目。资产负债表中的资产类应当包括流动资产和非流动资产的合计项目；负债类应当包括流动负债和非流动负债的合计项目；所有者权益类应当包括所有者权益的合计项目。

## 活动 9.1.1　资产负债表的编制

**活动背景**

资产负债表编制情境如图 9-2 所示。

图 9-2　资产负债表编制情境图

**活动资料**

月末,会计人员根据公司发生的业务资料及登记的总账和明细账编制资产负债表。

资产负债表格式如表 9-2 所示。

**活动指导**

会计人员根据公司登记的总账和明细账编制资产负债表。

## 一、资产负债表的编制方法

我国小企业的资产负债表采用账户式结构,报表分为左右两方,左方列示资产各项目,反映全部资产的分布及存在形态;右方列示负债和所有者权益各项目,反映全部负债和所有者权益的内容及构成情况。资产负债表左右两方平衡,即资产总计等于负债和所有者权益总计。资产负债表中一般设有"期末余额"和"年初余额"两栏。编制资产负债表时,要填报"期末余额"和"年初余额"两栏数据。

1. 年初余额

资产负债表"年初余额"栏内各项数字,应根据上年年末资产负债表"期末余额"栏内所列数字填列。如果上年年末资产负债表的项目名称和内容与本年年末资产负债表不一致,应对上年年末资产负债表的项目名称和数字按本年年末资产负债表的规定进行调整,并填入"年初余额"栏。

2. 期末余额

资产负债表各项目的"期末余额",一般根据资产、负债和所有者权益类账户的期末余额填列,具体区分为以下几种填列方法:

(1)根据总账科目余额直接填列。例如,"短期投资""应收票据""应收股利""应收利息""其他应收款""长期债券投资""长期股权投资""固定资产原价""累计折旧""在建工程""工程物资""固定资产清理""开发支出""长期待摊费用""短期借款""应付票据""应付职工薪酬""应交税费""应付利息""应付股利""其他应付款""实收资本(或股本)""资本公积""盈余公积"等项目,应根据有关总账账户的期末余额直接填列。

(2)根据总账账户余额计算填列。例如"货币资金"项目,根据"库存现金""银行存款""其他货币资金"账户的期末余额合计数计算填列。

(3)根据明细账户余额计算填列。例如"应收账款"项目,应根据"应收账款"和"预收账款"两个账户所属的相关明细账户的期末借方余额合计数填列;"应付账款"项目,应根据"应付账款"和"预付账款"两个账户所属的相关明细账户的期末贷方余额合计数填列;"未分配利润"项目,应根据"利润分配"账户中所属的"未分配利润"明细账户期末余额填列。

(4)根据总账账户和明细账户余额分析计算填列。例如"长期借款"项目,应根据"长期借款"总账账户余额扣除"长期借款"账户所属明细账户中将于1年内到期的部分填列。

(5)根据账户余额减去其备抵项目后的净额填列。例如"无形资产"项目,应根据"无形资产"账户的期末余额减去"累计摊销"账户的期末余额后的金额填列。

(6)综合运用上述方法分析填列。如"存货"项目,应根据"材料采购""在途物资""原材料""生产成本""库存商品""委托加工物资""周转材料""消耗性生物资产"等账户的期末余额合计填列,材料采用计划成本核算,以及库存商品采用计划成本核算或售价核算的小企业,还应按加或减"材料成本差异""商品进销差价"后的金额填列。

(7)根据有关项目的金额计算填列。如"流动资产合计""非流动资产合计""资产总计""流动负债合计""非流动负债合计""负债合计""所有者权益(或股东权益)合计""负债和所有者权益(或股东权益)总计"等项目,应根据表中的相关项目的合计额填列。"固定资产账面价值"项目则需根据"固定资产原价"项目金额减去"累计折旧"项目金额后的余额填列。

## 二、资产负债表项目的内容及填列说明

(1)"货币资金"项目,反映小企业库存现金、银行存款、其他货币资金的合计数。本项目应根据"库存现金""银行存款"和"其他货币资金"账户的期末余额合计填列。

(2)"短期投资"项目,反映小企业购入的能随时变现并且持有时间不准备超过1年的股票、债券和基金投资的余额。本项目应根据"短期投资"账户的期末余额填列。

(3)"应收票据"项目,反映小企业收到的未到期收款也未向银行贴现的应收票据(银行承兑汇票和商业承兑汇票)。本项目应根据"应收票据"账户的期末余额填列。

(4)"应收账款"项目,反映小企业因销售商品、提供劳务等日常生产经营活动应收取的款项。本项目应根据"应收账款"账户的期末余额分析填列。如"应收账款"账户期末为贷方余额,应当在"预收账款"项目列示。

(5)"预付账款"项目,反映小企业按照合同规定预付的款项,包括:根据合同规定预付的购货款、租金、工程款等。本项目应根据"预付账款"账户的期末借方余额填列,如"预付账款"账户期末为贷方余额,应当在"应付账款"项目列示。属于超过1年期以上的预付账款的借方余额应当在"其他非流动资产"项目列示。

(6)"应收股利"项目,反映小企业应收取的现金股利或利润。本项目应根据"应收股利"账户的期末余额填列。

(7)"应收利息"项目,反映小企业债券投资应收取的利息。小企业购入一次还本付息债券应收的利息,不包括在本项目内。本项目应根据"应收利息"账户的期末余额填列。

(8)"其他应收款"项目,反映小企业除应收票据、应收账款、预付账款、应收股利、应收利息等以外的其他各种应收及暂付款项,包括:各种应收的赔款、应向职工收取的各种垫付款项等。本项目应根据"其他应收款"账户的期末余额填列。

(9)"存货"项目,反映小企业期末在库、在途和在加工中的各项存货的成本,包括:各种原材料、在产品、半成品、产成品、商品、周转材料(包装物、低值易耗品等)、消耗性生物资产等。本项目应根据"材料采购""在途物资""原材料""材料成本差异""生产成本""库存商品""商品进销差价""委托加工物资""周转材料""消耗性生物资产"等账户的期末余额分析填列。

(10)"其他流动资产"项目,反映小企业除以上流动资产项目外的其他流动资产(含1年内到期的非流动资产)。本项目应根据有关账户的期末余额分析填列。

(11)"长期债券投资"项目,反映小企业准备长期持有的债券投资的本息。本项目应根据"长期债券投资"账户的期末余额分析填列。

(12)"长期股权投资"项目,反映小企业准备长期持有的权益性投资的成本。本项目应根据"长期股权投资"账户的期末余额填列。

(13)"固定资产原价"和"累计折旧"项目,反映小企业固定资产的原价(成本)及累计折旧。这两个项目应根据"固定资产"科目和"累计折旧"账户的期末余额填列。

(14)"固定资产账面价值"项目,反映小企业固定资产原价扣除累计折旧后的余额。本项目应根据"固定资产"账户的期末余额减去"累计折旧"账户的期末余额后的金额填列。

(15)"在建工程"项目,反映小企业尚未完工或虽已完工,但尚未办理竣工决算的工程成本。本项目应根据"在建工程"账户的期末余额填列。

(16)"工程物资"项目,反映小企业为在建工程准备的各种物资的成本。本项目应根据

"工程物资"账户的期末余额填列。

(17)"固定资产清理"项目,反映小企业因出售、报废、毁损、对外投资等原因处置固定资产所转出的固定资产账面价值以及在清理过程中发生的费用等。本项目应根据"固定资产清理"账户的期末借方余额填列;如"固定资产清理"账户期末为贷方余额,以"-"号填列。

(18)"生产性生物资产"项目,反映小企业生产性生物资产的账面价值。本项目应根据"生产性生物资产"账户的期末余额减去"生产性生物资产累计折旧"账户的期末余额后的金额填列。

(19)"无形资产"项目,反映小企业无形资产的账面价值。本项目应根据"无形资产"账户的期末余额减去"累计摊销"账户的期末余额后的金额填列。

(20)"开发支出"项目,反映小企业正在进行的无形资产研究开发项目满足资本化条件的支出。本项目应根据"研发支出"账户的期末余额填列。

(21)"长期待摊费用"项目,反映小企业尚未摊销完毕的已提足折旧的固定资产的改建支出、经营租入固定资产的改建支出、固定资产的大修理支出和其他长期待摊费用。本项目应根据"长期待摊费用"账户的期末余额分析填列。

(22)"其他非流动资产"项目,反映小企业除以上非流动资产以外的其他非流动资产。本项目应根据有关账户的期末余额分析填列。

(23)"短期借款"项目,反映小企业向银行或其他金融机构等借入的期限在1年内的、尚未偿还的各种借款本金。本项目应根据"短期借款"账户的期末余额填列。

(24)"应付票据"项目,反映小企业因购买材料、商品和接受劳务等日常生产经营活动开出、承兑的商业汇票(银行承兑汇票和商业承兑汇票)尚未到期的票面金额。本项目应根据"应付票据"账户的期末余额填列。

(25)"应付账款"项目,反映小企业因购买材料、商品和接受劳务等日常生产经营活动尚未支付的款项。本项目应根据"应付账款"账户的期末余额填列。如"应付账款"账户期末为借方余额,应当在"预付账款"项目列示。

(26)"预收账款"项目,反映小企业根据合同规定预收的款项,包括:预收的购货款、工程款等。本项目应根据"预收账款"账户的期末贷方余额填列;如"预收账款"账户期末为借方余额,应当在"应收账款"项目列示。属于超过1年期以上的预收账款的贷方余额应当在"其他非流动负债"项目列示。

(27)"应付职工薪酬"项目,反映小企业应付未付的职工薪酬。本项目应根据"应付职工薪酬"账户期末余额填列。

(28)"应交税费"项目,反映小企业期末未交、多交或尚未抵扣的各种税费。本项目应根据"应交税费"账户的期末贷方余额填列;如"应交税费"账户期末为借方余额,以"-"号填列。

(29)"应付利息"项目,反映小企业尚未支付的利息费用。本项目应根据"应付利息"账户的期末余额填列。

(30)"应付利润"项目,反映小企业尚未向投资者支付的利润。本项目应根据"应付利润"账户的期末余额填列。

(31)"其他应付款"项目,反映小企业除应付账款、预收账款、应付职工薪酬、应交税费、应付利息、应付利润等以外的其他各项应付、暂收的款项,包括:应付租入固定资产和包装物的租金、存入保证金等。本项目应根据"其他应付款"账户的期末余额填列。

(32)"其他流动负债"项目,反映小企业除以上流动负债以外的其他流动负债(含1年内到期的非流动负债)。本项目应根据有关账户的期末余额填列。

(33)"长期借款"项目,反映小企业向银行或其他金融机构借入的期限在1年以上的、尚未偿还的各项借款本金。本项目应根据"长期借款"账户的期末余额分析填列。

(34)"长期应付款"项目,反映小企业除长期借款以外的其他各种应付未付的长期应付款项,包括:应付融资租入固定资产的租赁费、以分期付款方式购入固定资产发生的应付款项等。本项目应根据"长期应付款"账户的期末余额分析填列。

(35)"递延收益"项目,反映小企业收到的、应在以后期间计入损益的政府补助。本项目应根据"递延收益"账户的期末余额分析填列。

(36)"其他非流动负债"项目,反映小企业除以上非流动负债项目以外的其他非流动负债。本项目应根据有关账户的期末余额分析填列。

(37)"实收资本(或股本)"项目,反映小企业收到投资者按照合同协议约定或相关规定投入的、构成小企业注册资本的部分。本项目应根据"实收资本(或股本)"账户的期末余额分析填列。

(38)"资本公积"项目,反映小企业收到投资者投入资本超出其在注册资本中所占份额的部分。本项目应根据"资本公积"账户的期末余额填列。

(39)"盈余公积"项目,反映小企业(公司制)的法定公积金和任意公积金、小企业(外商投资)的储备基金和企业发展基金。本项目应根据"盈余公积"账户的期末余额填列。

(40)"未分配利润"项目,反映小企业尚未分配的历年结存的利润。本项目应根据"利润分配"账户的期末余额填列。未弥补的亏损,在本项目内以"—"号填列。

表 9-2          资产负债表

会小企 01 表

单位名称:东莞市京贸塑料制品有限公司      2014 年 12 月 31 日      单位:元

| 资产 | 行次 | 期末余额 | 年初余额 | 负债和所有者权益 | 行次 | 期末余额 | 年初余额 |
|---|---|---|---|---|---|---|---|
| 流动资产: | | | | 流动负债: | | | |
| 货币资金 | 1 | 406 092.71 | 344 561.26 | 短期借款 | 31 | 150 000.00 | 100 000.00 |
| 短期投资 | 2 | | | 应付票据 | 32 | | |

（续表）

| 资产 | 行次 | 期末余额 | 年初余额 | 负债和所有者权益 | 行次 | 期末余额 | 年初余额 |
|---|---|---|---|---|---|---|---|
| 应收票据 | 3 | | | 应付账款 | 33 | 30 000.00 | 156 850.00 |
| 应收账款 | 4 | 126 120.00 | 233 200.00 | 预收账款 | 34 | 275.00 | 10 000.00 |
| 预付账款 | 5 | | | 应付职工薪酬 | 35 | 100 964.25 | 72 358.00 |
| 应收股利 | 6 | | | 应交税费 | 36 | 130 756.86 | 32 551.50 |
| 其他应收款 | 8 | 10 600.00 | 3 800.00 | 应付利润 | 38 | 200 000.00 | 50 000.00 |
| 存货 | 9 | 228 135.33 | 127 512.58 | 其他应付款 | 39 | | |
| 其中:原材料 | 10 | 145 756.54 | 82 041.79 | 其他流动负债 | 40 | | |
| 在产品 | 11 | 8 000.00 | 8 000.00 | 流动负债合计 | 41 | 611 996.11 | 421 759.50 |
| 库存商品 | 12 | 72 319.95 | 35 645.79 | 非流动负债: | | | |
| 周转材料 | 13 | 2 058.84 | 1 825.00 | 长期借款 | 42 | | |
| 其他流动资产 | 14 | | | 长期应付款 | 43 | | |
| 流动资产合计 | 15 | 770 948.04 | 709 073.84 | 递延收益 | 44 | | |
| 非流动资产: | | | | 其他非流动负债 | 45 | | |
| 长期债券投资 | 16 | | | 非流动负债合计 | 46 | | |
| 长期股权投资 | 17 | | | 负债合计 | 47 | 611 996.11 | 421 759.50 |
| 固定资产原价 | 18 | 2 887 520.00 | 2 582 400.00 | | | | |
| 减:累计折旧 | 19 | 876 817.86 | 616 854.34 | | | | |
| 固定资产账面价值 | 20 | 2 010 702.14 | 1 965 545.66 | | | | |
| 在建工程 | 21 | 550 000.00 | | | | | |
| 工程物资 | 22 | | | | | | |
| 固定资产清理 | 23 | | | | | | |
| 生产性生物资产 | 24 | | | 所有者权益(或股东权益) | | | |
| 无形资产 | 25 | 115 000.00 | | 实收资本(或股本) | 48 | 2 000 000.00 | 1 700 000.00 |
| 开发支出 | 26 | | | 资本公积 | 49 | | |
| 长期待摊费用 | 27 | | | 盈余公积 | 50 | 248 179.41 | 200 000.00 |
| 其他非流动资产 | 28 | | | 未分配利润 | 51 | 586 474.66 | 352 860.00 |
| 非流动资产合计 | 29 | 2 675 702.14 | 1 965 545.66 | 所有者权益(或股东权益)合计 | 52 | 2 834 654.07 | 2 252 860.00 |
| 资产总计 | 30 | 3 446 650.18 | 2 674 619.50 | 负债和所有者权益(或股东权益)总计 | 53 | 3 446 650.18 | 2 674 619.50 |

**注意事项**

资产负债表是根据"资产＝负债＋所有者权益"编制的,编制时应注意资产负债表的平衡性以及资产负债表数据之间的勾稽关系。

## 任务 9.2　利润表的编制

**知识导航**

利润表是指反映小企业在一定会计期间的经营成果的报表。利润表属动态报表,编制的理论依据是"收入－费用＝利润"。

利润表至少应当单独列示反映下列信息的项目:

(1) 营业收入。

(2) 营业成本。

(3) 营业税金及附加。

(4) 销售费用。

(5) 管理费用。

(6) 财务费用。

(7) 所得税费用。

(8) 净利润。

### 活动 9.2.1　利润表的编制

**活动背景**

利润表编制情境如图 9-3 所示。

图 9-3　利润表编制情境图

 活动资料

月末,会计人员将本月发生的损益科目汇总,如表9-3所示编制利润表。

表9-3 损益类账户结账前余额表

| 收入类账户 | 贷方 | 成本、费用类账户 | 借方 |
|---|---|---|---|
| 主营业务收入 | 485 500.00 | 主营业务成本 | 206 955.00 |
| 其他业务收入 | 750.00 | 其他业务成本 | 462.12 |
| 营业处收入 | 600.00 | 营业税金及附加 | 4 772.31 |
| | | 管理费用 | 78 161.00 |
| | | 财务费用 | 8 304.00 |
| | | 销售费用 | 44 589.82 |
| | | 营业外支出 | 1 870.40 |

审核:高山 制表:李一凡

 活动指导

小企业到月末,会计根据损益类账户结账前余额表,按照利润表计算的步骤编制利润表。2014年12月份,东莞市京贸塑料制品有限公司利润表如表9-4所示。

1. 利润表的编制方法

利润表结构有单步式和多步式两种,我国小企业采取多步式利润表。利润表各项目分为"本年累计金额"和"本月金额"两栏。

"本年累计金额"栏反映各项目自年初起至报告期末(月末、季末、年末)止的累计实际发生额。本栏各项目金额应根据本期利润表"本月金额"加上期利润表"本年累计金额"栏的数字填列。

"本月金额"栏反映各项目的本月实际发生额,应根据本期各损益类账户的发生额分析填列。在编制季度利润表时,应将"本月金额"栏改为"上季度金额"栏,反映各项目本季度实际发生额。小企业编制年度利润表时,应将"本月金额"栏改为"上年金额"栏,填列上年全年实际发生额。如果上年度利润表的项目名称和内容与本年度利润表不一致,应对上年度利润表项目的名称和数字按本年度的规定进行调整,填入报表的"上年金额"栏。

2. 利润表项目的内容及其填列说明

(1)"营业收入"项目,反映小企业销售商品和提供劳务所实现的收入总额。本项目应

根据"主营业务收入"账户和"其他业务收入"账户的发生额合计填列。

（2）"营业成本"项目，反映小企业所销售商品的成本和所提供劳务的成本。本项目应根据"主营业务成本"账户和"其他业务成本"账户的发生额合计填列。

（3）"营业税金及附加"项目，反映小企业开展日常生产活动应负担的消费税、营业税、城市维护建设税、资源税、土地增值税、城镇土地使用税、房产税、车船税、印花税和教育费附加、矿产资源补偿费、排污费等。本项目应根据"营业税金及附加"账户的发生额填列。

（4）"销售费用"项目，反映小企业销售商品或提供劳务过程中发生的费用。本项目应根据"销售费用"账户的发生额填列。

（5）"管理费用"项目，反映小企业为组织和管理生产经营发生的其他费用。本项目应根据"管理费用"账户的发生额填列。

（6）"财务费用"项目，反映小企业为筹集生产经营所需资金发生的筹资费用。本项目应根据"财务费用"账户的发生额填列。

（7）"投资收益"项目，反映小企业股权投资取得的现金股利（或利润），债券投资取得的利息收入，处置股权投资和债券投资取得的处置价款扣除成本或账面余额、相关税费后的净额。本项目应根据"投资收益"账户的发生额填列，如为投资损失，以"－"号填列。

（8）"营业利润"项目，反映小企业当期开展日常生产经营活动实现的利润。本项目应根据营业收入扣除营业成本、营业税金及附加、销售费用、管理费用和财务费用，加上投资收益后的金额填列。如为亏损，以"－"号填列。

（9）"营业外收入"项目，反映小企业实现的各项营业外收入金额，包括：非流动资产处置净收益、政府补助、捐赠收益、盘盈收益、汇兑收益、出租包装物和商品的租金收入、逾期未退包装物押金收益、确实无法偿付的应付款项、已做坏账损失处理后又收回的应收款项、违约金收益等。本项目应根据"营业外收入"账户的发生额填列。

（10）"营业外支出"项目，反映小企业发生的各项营业外支出金额，包括：存货的盘亏、毁损、报废损失，非流动资产处置净损失，坏账损失，无法收回的长期债券投资损失，无法收回的长期股权投资损失，自然灾害等不可抗力因素造成的损失，税收滞纳金，罚金，罚款，被没收财物的损失，捐赠支出，赞助支出等。本项目应根据"营业外支出"账户的发生额填列。

（11）"利润总额"项目，反映小企业当期实现的利润总额，本项目应根据营业利润加上营业外收入减去营业外支出后的金额填列。如为亏损总额，以"－"号填列。

（12）"所得税费用"项目，反映小企业根据企业所得税法确定的应从当期利润总额中扣除的所得税费用。本项目应根据"所得税费用"账户的发生额填列。

（13）"净利润"项目，反映小企业当期实现的净利润。本项目应根据利润总额扣除所得税费用后的金额填列。如为净亏损，以"－"号填列。

**表 9-4**

## 利润表

编制单位：东莞市京贸塑料制品有限公司　　2014年12月份　　　　　　　　单位：元

| 项　　目 | 行次 | 本期累计金额 | 本月金额 |
|---|---|---|---|
| 一、营业收入 | 1 | 5 134 850.00 | 486 250.00 |
| 减：营业成本 | 2 | 3 180 165.32 | 207 417.12 |
| 营业税金及附加 | 3 | 44 267.72 | 4 772.31 |
| 其中：消费税 | 4 | | |
| 营业税 | 5 | | |
| 城市建设维护税 | 6 | 30 987.40 | 3 340.62 |
| 资源税 | 7 | | |
| 土地增值税 | 8 | | |
| 城镇土地使用税、房产税、车船税、印花税 | 9 | | |
| 教育费附加、矿产资源、排污费 | 10 | 13 280.32 | 1 431.69 |
| 销售费用 | 11 | 367 890.47 | 44 589.82 |
| 其中：商品维修费 | 12 | | |
| 广告费和业务宣传费 | 13 | | |
| 管理费用 | 14 | 842 936.00 | 78 161.00 |
| 其中：开办费 | 15 | | |
| 业务招待费 | 16 | | |
| 研究费用 | 17 | | |
| 财务费用 | 18 | 56 328.00 | 8 304.00 |
| 其中：利息费用（收入以"－"号填列） | 19 | | |
| 加：投资收益 | 20 | | |
| 二、营业利润 | 21 | 643 262.49 | 143 005.75 |
| 加：营业外收入 | 22 | 1 000.00 | 600.00 |
| 其中：政府补助 | 23 | | |
| 减：营业外支出 | 24 | 1 870.40 | 1 870.40 |
| 其中：坏账损失 | 25 | | |
| 无法收回的长期债券投资损失 | 26 | | |
| 无法收回的长期股权投资损失 | 27 | | |
| 自然灾害等不可抗力因素造成的损失 | 28 | | |
| 税收滞纳金 | 29 | | |
| 四、利润总额（亏损总额以"－"号填列） | 30 | 642 392.09 | 141 735.35 |
| 减：所得税费用 | 31 | 160 598.02 | 35 433.84 |
| 五、净利润（净亏损以"－"号填列） | 32 | 481 794.07 | 106 301.51 |

东莞市京贸塑料制品有限公司 2014 年年度利润表如表 9-5 所示：

**表 9-5**　　　　　　　　　　　　　　**利润表**

编制单位:东莞市京贸塑料制品有限公司　　　2014 年度　　　　　　　　单位:元

| 项 目 | 行次 | 本期累计金额 | 上年金额(略) |
|---|---|---|---|
| 一、营业收入 | 1 | 5 134 850.00 | |
| 减:营业成本 | 2 | 3 180 165.32 | |
| 营业税金及附加 | 3 | 44 267.72 | |
| 其中:消费税 | 4 | | |
| 营业税 | 5 | | |
| 城市建设维护 | 6 | 30 987.40 | |
| 资源税 | 7 | | |
| 土地增值税 | 8 | | |
| 城镇土地使用税、房产税、车船税、印花税 | 9 | | |
| 教育费附加、矿产资源、排污费 | 10 | 13 280.32 | |
| 销售费用 | 11 | 367 890.47 | |
| 其中:商品维修费 | 12 | | |
| 广告费和业务宣传费 | 13 | | |
| 管理费用 | 14 | 842 936.00 | |
| 其中:开办费 | 15 | | |
| 业务招待费 | 16 | | |
| 研究费用 | 17 | | |
| 财务费用 | 18 | 563 28.00 | |
| 其中:利息费用(收入以"—"号填列) | 19 | | |
| 加:投资收益 | 20 | | |
| 二、营业利润 | 21 | 643 262.49 | |
| 加:营业外收入 | 22 | 1 000.00 | |
| 其中:政府补助 | 23 | | |
| 减:营业外支出 | 24 | 1 870.40 | |
| 其中:坏账损失 | 25 | | |
| 无法收回的长期债券投资损失 | 26 | | |
| 无法收回的长期股权投资损失 | 27 | | |
| 自然灾害等不可抗力因素造成的损失 | 28 | | |
| 税收滞纳金 | 29 | | |
| 四、利润总额(亏损总额以"—"号填列) | 30 | 642 392.09 | |
| 减:所得税费用 | 31 | 160 598.02 | |
| 五、净利润(净亏损以"—"号填列) | 32 | 481 794.07 | |

利润表的编制是根据"收入－费用＝利润"来编制的,编制时按照表格格式的计算步骤进行。

知识拓展

# 一、现金流量表编制

1. 现金流量表的编制要求

现金流量表是指反映小企业在一定会计期间现金流入和流出情况的报表。

现金流量表应当分别经营活动、投资活动和筹资活动列报现金流量。现金流量应当分别按照现金流入和现金流出总额列报。

经营活动是指小企业投资活动和筹资活动以外的所有交易和事项。小企业经营活动产生的现金流量应当单独列示反映下列信息的项目:

(1) 销售产成品、商品,提供劳务收到的现金。

(2) 购买原材料、商品,接受劳务支付的现金。

(3) 支付的职工薪酬。

(4) 支付的税费。

投资活动是指小企业固定资产、无形资产、其他非流动资产的购建和短期投资、长期债券投资、长期股权投资及其处置活动。小企业投资活动产生的现金流量应当单独列示反映下列信息的项目:

(1) 收回短期投资、长期债券投资和长期股权投资收到的现金。

(2) 取得投资收益收到的现金。

(3) 处置固定资产、无形资产和其他非流动资产收回的现金净额。

(4) 短期投资、长期债券投资和长期股权投资支付的现金。

(5) 购建固定资产、无形资产和其他非流动资产支付的现金。

筹资活动是指导致小企业资本及债务规模和构成发生变化的活动。

小企业筹资活动产生的现金流量应当单独列示反映下列信息的项目:

(1) 取得借款收到的现金。

(2) 吸收投资者投资收到的现金。

(3) 偿还借款本金支付的现金。

(4) 偿还借款利息支付的现金。

(5) 分配利润支付的现金。

2. 现金流量表的结构和编制基础

(1) 现金流量表的结构。小企业现金流量表采用报告式结构,分类反映经营活动产生的现金流量、投资活动产生的现金流量和筹资活动产生的现金流量,最后汇总反映企业某一期间的现金净增加额。

(2) 现金流量表的编制基础。现金流量表以现金为基础编制,这里的现金,是指小企业的库存现金以及可以随时用于支付的存款和其他货币资金,具体包括以下各项:

(1) 库存现金是指企业持有可随时用于支付的现金,即与会计核算中"库存现金"账户所包括的内容一致。

(2) 银行存款是指企业在金融企业随时可以用于支付的存款,即与会计核算中"银行存款"账户所包括的内容基本一致,其区别在于:如果存在金融企业的款项中不能随时用于支付的存款,如不能随时支取的定期存款,不作为现金流量表中的现金,但提前通知金融企业便可支取的定期存款,则包括在现金流量表中的现金范围内。

(3) 其他货币资金是指企业存在金融企业有特定用途的资金,如外埠存款、银行汇票存款、银行本票存款、信用证保证金存款、信用卡存款等。

现金流量表的格式如表9-6所示。

表 9-6　　　　　　　　　　　现金流量表

编制单位:　　　　　　　　　　　年　　月　　　　　　　　　　　会小企03表

单位:元

| 项　　目 | 行次 | 本所累计金额 | 本月金额 |
|---|---|---|---|
| 一、经营活动产生的现金流量 | | | |
| 　销售产成品、商品,提供劳务收到的现金 | 1 | | |
| 　收到其他与经营活动有关的现金 | 2 | | |
| 　购买原材料、商品,接受劳务支付的现金 | 3 | | |
| 　支付的职工薪酬 | 4 | | |
| 　支付的税费 | 5 | | |
| 　支付其他与经营活动有关的现金 | 6 | | |
| 　经营活动产生的现金流量净额 | 7 | | |
| 二、投资活动产生的现金流量 | | | |
| 　收回短期投资、长期债券投资和长期股权投资收到的现金 | 8 | | |
| 　取得投资收益收到的现金 | 9 | | |
| 　处置固定资产、无形资产和其他非流动资产收回的现金净额 | 10 | | |
| 　短期投资、长期债券投资和长期股权投资支付的现金 | 11 | | |
| 　购建固定资产、无形资产和其他非流动资产支付现金 | 12 | | |
| 　投资活动产生的现金流量净额 | 13 | | |
| 三、筹资活动产生的现金流量 | | | |
| 　取得借款收到的现金 | 14 | | |

（续表）

| 项　目 | 行次 | 本所累计金额 | 本月金额 |
|---|---|---|---|
| 　吸收投资者投资收到的现金 | 15 | | |
| 　偿还借款本金支付的现金 | 16 | | |
| 　偿还借款利息支付的现金 | 17 | | |
| 　分配利润支付的现金 | 18 | | |
| 　筹资活动产生的现金流量净额 | 19 | | |
| 四、现金净增加额 | 20 | | |
| 　加：期初现金余额 | 21 | | |
| 五、期末现金余额 | 22 | | |

**3. 现金流量表的编制方法**

现金流量表反映小企业一定会计期间内有关现金流入和流出的信息。现金流量表各项目分为"本年累计金额"和"本月金额"两栏。

现金流量表"本年累计金额"栏反映各项目自年初起至报告期末止的累计实际发生额。本栏各项目金额应根据本期现金流量表"本月金额"加上期现金流量表"本年累计金额"栏的数字填列。

现金流量表"本月金额"栏反映各项目的本月实际发生额；在编制年度财务报表时，应将"本月金额"栏改为"上年金额"栏，填列上年全年实际发生额。现金流量表"本月金额"栏各项目的内容及填列方法如下：

1）经营活动产生的现金流量

（1）"销售产成品、商品，提供劳务收到的现金"项目，反映小企业本期销售产成品、商品，提供劳务收到的现金。本项目可以根据"库存现金""银行存款"和"主营业务收入"等账户的本期发生额分析填列。

（2）"收到其他与经营活动有关的现金"项目，反映小企业本期收到的其他与经营活动有关的现金。本项目可以根据"库存现金"和"银行存款"等账户的本期发生额分析填列。

（3）"购买原材料、商品，接受劳务支付的现金"项目，反映小企业本期购买原材料、商品，接受劳务支付的现金。本项目可以根据"库存现金""银行存款""其他货币资金""原材料""库存商品"等账户的本期发生额分析填列。

（4）"支付的职工薪酬"项目，反映小企业本期向职工支付的薪酬。本项目可以根据"库存现金""银行存款""应付职工薪酬"账户的本期发生额填列。

（5）"支付的税费"项目，反映小企业本期支付的税费。本项目可以根据"库存现金""银行存款""应交税费"等账户的本期发生额填列。

（6）"支付其他与经营活动有关的现金"项目，反映小企业本期支付的其他与经营活动有关的现金。本项目可以根据"库存现金""银行存款"等账户的本期发生额分析填列。

2）投资活动产生的现金流量

（1）"收回短期投资、长期债券投资和长期股权投资收到的现金"项目，反映小企业出售、转让或到期收回短期投资、长期股权投资而收到的现金，以及收回长期债券投资本金而收到的现金，不包括长期债券投资收回的利息。本项目可以根据"库存现金""银行存款""短期投资""长期股权投资""长期债券投资"等账户的本期发生额分析填列。

（2）"取得投资收益收到的现金"项目，反映小企业因权益性投资和债权性投资取得的现金股利或利润和利息收入。本项目可以根据"库存现金""银行存款""投资收益"等账户的本期发生额分析填列。

（3）"处置固定资产、无形资产和其他非流动资产收回的现金净额"项目，反映小企业处置固定资产、无形资产和其他非流动资产取得的现金，减去为处置这些资产而支付的有关税费等后的净额。本项目可以根据"库存现金""银行存款""固定资产清理""无形资产""生产性生物资产"等账户的本期发生额分析填列。

（4）"短期投资、长期债券投资和长期股权投资支付的现金"项目，反映小企业进行权益性投资和债权性投资支付的现金，包括：企业取得短期股票投资、短期债券投资、短期基金投资、长期债券投资、长期股权投资支付的现金。本项目可以根据"库存现金""银行存款""短期投资""长期债券投资""长期股权投资"等账户的本期发生额分析填列。

（5）"购建固定资产、无形资产和其他非流动资产支付的现金"项目，反映小企业购建固定资产、无形资产和其他非流动资产支付的现金，包括：购买机器设备、无形资产、生产性生物资产支付的现金、建造工程支付的现金等现金支出，不包括为购建固定资产、无形资产和其他非流动资产而发生的借款费用资本化部分和支付给在建工程和无形资产开发项目人员的薪酬。为购建固定资产、无形资产和其他非流动资产而发生借款费用资本化部分，在"偿还借款利息支付的现金"项目反映；支付给在建工程和无形资产开发项目人员的薪酬，在"支付的职工薪酬"项目反映。本项目可以根据"库存现金""银行存款""固定资产""在建工程""无形资产""研发支出""生产性生物资产""应付职工薪酬"等账户的本期发生额分析填列。

3）筹资活动产生的现金流量

（1）"取得借款收到的现金"项目，反映小企业举借各种短期、长期借款收到的现金。本项目可以根据"库存现金""银行存款""短期借款""长期借款"等账户的本期发生额分析填列。

（2）"吸收投资者投资收到的现金"项目，反映小企业收到的投资者作为资本投入的现金。本项目可以根据"库存现金""银行存款""实收资本""资本公积"等账户的本期发生额分析填列。

（3）"偿还借款本金支付的现金"项目，反映小企业以现金偿还各种短期、长期借款的本金。本项目可以根据"库存现金""银行存款""短期借款""长期借款"等账户的本期发生额分析填列。

(4)"偿还借款利息支付的现金"项目,反映小企业以现金偿还各种短期、长期借款的利息。本项目可以根据"库存现金""银行存款""应付利息"等账户的本期发生额分析填列。

(5)"分配利润支付的现金"项目,反映小企业向投资者实际支付的利润。本项目可以根据"库存现金""银行存款""应付利润"等账户的本期发生额分析填列。

## 二、财务报表附注

### 1. 财务报表附注的作用

附注是指对在资产负债表、利润表和现金流量表等报表中列示项目的文字描述或明细资料,以及对未能在这些报表中列示项目的说明等。

附注既是对财务报表的补充说明,也是财务报表不可缺少的内容。很多情况只有通过报表附注,才能对财务报表有全面、准确的理解,一些在报表中以表格形式难以表达的内容,也需要通过报表附注加以反映。附注在财务报表中发挥着越来越重要的作用。

### 2. 财务报表附注的形式

会计实务中,财务报表附注一般采取以下方式:

(1)旁注。旁注是在财务报表的有关项目旁直接用括号加注说明。它是最简单的报表注释方法,且与表内已披露的信息为一体。如在"应收票据"项目旁加注"(其中×××元已向银行贴现)"。

(2)附表。附表是为了使财务报表简明易懂而对主表重要项目的构成及其增减变动原因与数额所做的详细、具体的反映。附表反映的内容,有些已直接包括在脚注之内,有些则附在报表和脚注之后,作为财务报表的一个单独组成部分。

(3)底注。底注是在财务报表主表后面用一定的文字和数字对那些不便于列入财务报表内的有关信息所做的补充说明。一般而言,报表附注指的就是报表的底注。

### 3. 小企业财务报表附注的内容

小企业财务报表附注应当按照下列顺序披露相关内容:

(1)遵循小企业会计准则的声明。

(2)短期投资、应收账款、存货、固定资产项目的说明。

(3)应付职工薪酬、应交税费项目的说明。

(4)利润分配的说明。

(5)用于对外担保的资产名称、账面余额及形成的原因;未决诉讼、未决仲裁以及对外提供担保所涉及的金额。

(6)发生严重亏损的,应当披露持续经营的计划、未来经营的方案。

(7)对已在资产负债表和利润表中列示项目与企业所得税法规定存在差异的纳税调整过程。

(8) 其他需要在附注中说明的事项。

 **单元练习**

**一、单项选择题**

1. 资产负债表是指反映小企业在某一特定日期的财务状况的报表。资产负债表属静态报表,编制的理论依据是(    )。

    A. 收入－费用＝利润               B. 有借必有贷,借贷必相等

    C. 资产＝负债＋所有者权益       D. 现金流入－现金支出＝净现金流量

2. 我国小企业的资产负债表采用(    )结构,报表分为左右两方,左方列示资产各项目,右方列示负债和所有者权益各项目。

    A. 报告式       B. 账户式       C. 单步式       D. 多步式

3. 编制资产负债表依据的基本公式是(    )。

    A. 资产＝负债＋所有者权益

    B. 收入－费用＝利润

    C. 本期所有账户的借方发生额合计＝本期所有账户的贷方发生额合计

    D. 所有账户的借方余额合计＝所有账户的贷方余额合计

4. 以下项目属于存货的是(    )。

    A. 货币资金      B. 应收账款      C. 库存商品     D. 应付账款

5. 下列资产负债表项目中,其期末数可以根据若干个总账科目期末余额计算填列的有(    )。

    A. 短期投资      B. 货币资金      C. 应付工资     D. 固定资产

6. 所得税费用是(    )中的项目。

    A. 资产负债表    B. 利润表     C. 现金流量表    D. 会计报表附注

7. "固定资产账面价值"项目的余额,应根据(    )的金额填列。

    A. 固定资产原价             B. 累计折旧

    C. 固定资产原价－累计折旧      D. 固定资产清理

8. "无形资产"项目,反映小企业无形资产的账面价值。本项目应根据"无形资产"账户的期末余额减去(    )账户的期末余额后的金额填列。

    A. "累计折旧"    B. "累计摊销"    C. "制造费用"    D. "研发支出"

9. 资产负债表中,反映小企业收到投资者按照合同协议约定或相关规定投入的、构成小企业注册资本部分的项目是(    )。

    A. 实收资本      B. 资本公积      C. 盈余公积     D. 利润分配

10. 资产负债表中,反映小企业收到投资者投入资本超出其在注册资本中所占份额的部分项目是(    )。

　　A. 实收资本　　　　B. 资本公积　　　　C. 盈余公积　　　　D. 利润分配

11. 资产负债表中,反映小企业(公司制)的法定公积金和任意公积金、小企业(外商投资)的储备基金和企业发展基金的项目是(　　)。

　　A. 实收资本　　　　B. 资本公积　　　　C. 盈余公积　　　　D. 利润分配

12. 资产负债表中,反映小企业尚未分配的历年结存的利润的项目是(　　)。

　　A. 本年利润　　　　B. 未分本利润　　　　C. 盈余公积　　　　D. 利润分配

13. 利润表是指反映小企业在一定会计期间(　　)的报表。

　　A. 财务状况　　　　B. 经营成果　　　　C. 现金流量　　　　D. 利润分配

14. 利润表属动态报表,编制的理论依据是(　　)。

　　A. 收入—费用=利润　　　　　　　　B. 有借必有贷,借贷必相等

　　C. 资产=负债+所有者权益　　　　　D. 现金流入—现金支出=净现金流量

15. 资产负债表各项目中,属于流动资产项目的是(　　)。

　　A. 长期借款　　　　B. 长期应付款　　　　C. 预收账款　　　　D. 预付账款

16. 按照《小企业会计准则》的规定,预付账款账户明细账中若有贷方余额,应将其计入资产负债表中的(　　)项目。

　　A. 应收账款　　　　B. 预收款项　　　　C. 应付账款　　　　D. 其他应付款

17. 按照《小企业会计准则》的规定,应收账款账户明细账中若有贷方余额,应将其计入资产负债表中的(　　)项目。

　　A. 应收票据　　　　B. 预收款项　　　　C. 应付账款　　　　D. 其他应付款

18. 某小企业期末"无形资产"账户余额为500万元,"累计摊销"账户余额为200万元,该企业在资产负债表中无形资产项目的金额为(　　)万元。

　　A. 500　　　　　　B. 300　　　　　　C. 400　　　　　　D. 200

19. 某小企业期末"固定资产"账户余额为400万元,"累计折旧"账户余额为50万元,该企业在资产负债表中固定资产项目的金额为(　　)万元。

　　A. 400　　　　　　B. 50　　　　　　C. 350　　　　　　D. 300

20. 某小企业"应收账款"账户月末借方余额20 000元,其中:"应收甲公司账款"明细账户借方余额35 000元,应收乙公司账款明细账户贷方余额15 000元,预收账款账户月末贷方余额15 000元,其中:"预收A公司账款"明细账户贷方余额25 000元,"预收B公司账款"明细账户借方余额10 000元。则该企业月末资产负债表中应收账款项目的金额应为(　　)元。

　　A. 40 000　　　　B. 25 000　　　　C. 15 000　　　　D. 45 000

21. 某小企业2014年发生的营业收入为1 000万元,营业成本为630万元,销售费用为20万元,管理费用为50万元,财务费用为10万元,投资收益为40万元,营业外收入为25万元,营业外支出为15万元。该企业2014年利润表中的营业利润为(　　)万元。

A. 360      B. 340      C. 330      D. 290

## 二、多项选择题

1. 小企业的财务报表至少应当包括( )。

A. 资产负债表      B. 利润表      C. 现金流量表      D. 附注

2. 小企业的资产负债表中的货币资金项目包括( )。

A. 库存现金      B. 银行存款      C. 其他货币资金      D. 应交税金

3. 资产负债表中的存货项目包括下列( )。

A. 原材料      B. 周转材料      C. 在产品      D. 库存商品

4. 资产负债表中的负债项目包括非流动负债和其他非流动负债项目。非流动负债包括的具体项目有( )。

A. 长期借款      B. 长期应付款      C. 应付账款      D. 递延收益

5. 下列各资产负债表项目中,应根据明细账户余额计算填列的有( )。

A. 应付账款      B. 预收款项      C. 应收账款      D. 应付账款

6. 资产负债表中的应收账款项目应根据( )填列。

A. 应收账款所属明细账借方余额合计数

B. 应收账款所属明细账贷方余额合计数

C. 预收账款所属明细账借方余额合计数

D. 预收账款所属明细账贷方余额合计数

7. 下列各项,影响小企业营业利润的项目有( )。

A. 销售费用      B. 管理费用      C. 投资收益      D. 所得税费用

8. 营业收入是利润表的一个项目,包括以下( )内容。

A. 主营业务收入      B. 其他业务收入      C. 营业外收入      D. 投资收益

9. 营业成本是利润表的一个项目,包括以下( )内容。

A. 主营业务成本      B. 其他业务成本      C. 营业外支出      D. 生产成本

10. "营业利润"项目,反映小企业当期开展日常生产经营活动实现的利润,下列( )属于"营业利润"项目。

A. 主营业务收入      B. 其他业务成本      C. 营业外支出      D. 营业税金及附加

## 三、判断题

1. 资产负债表是指反映小企业在某一特定日期的经营成果的报表。    ( )

2. 利润表是指反映小企业在一定会计期间的财务状况的报表。    ( )

3. 小企业的利润表是计算企业所得税的基础。    ( )

4. 小企业资产负债表中的长期借款项目是根据长期借款总账账户余额分析填列的。

   ( )

5. 资产负债表中的应收账款项目应根据"应收账款"所属明细账借方余额合计数、预收

账款所属明细账借方余额合计数计算填列。                           （　　）

6. 小企业应该缴纳的增值税应在利润表的营业税金及附加项目中反映。         （　　）

7. 资产负债表中的预收款项项目应根据"预收账款"和"应收账款"账户所属各明细账户的期末贷方余额合计数填列。如"预收账款"账户所属各明细账户期末有借方余额,应在资产负债表应付账款项目内填列。                           （　　）

8. 资产负债表中的应付账款项目应根据"应付账款"和"预付账款"账户所属各明细账户的期末贷方余额合计数填列;如"应付账款"账户所属明细账户期末有借方余额的,应在资产负债表预付款项项目内填列。                           （　　）

9. 资产负债表中的存货不包括企业正在生产中的产品。               （　　）

10. 资产负债表年初数栏内各项数字,应根据上年年末资产负债表期末数栏内所列数字填列。如果本年度资产负债表规定的各个项目的名称和内容同上年度不相一致,可直接把上年年末资产负债表各项目的名称和数字填入本表年初数栏内。       （　　）

11. 利润表中"未分配利润"项目,反映小企业尚未分配的历年结存的利润。本项目应根据"利润分配"账户的期末余额填列。                       （　　）

12. 资产负债表中左边的合计数等于右边的合计数,如果两边的金额不相等,资产负债表肯定有错误。                           （　　）

## 四、实务题

1. 以下是一小企业 2014 年年底的会计账户余额表,请根据表中资料编制资产负债表。

资料:A 公司 2014 年 12 月底各账户户期末余额如下所示。（金额单位:元）

| 账户名称 | 借方金额 | 账户名称 | 贷方金额 |
| --- | --- | --- | --- |
| 库存现金 | 236 | 短期借款 | 76 000 |
| 银行存款 | 74 052 | 应付账款 | 37 350 |
| 其他货币资金 | 12 200 | 其他应付款 | 3 780 |
| 应收账款 | 31 900 | 应付职工薪酬 | 27 550 |
| 其他应收款 | 300 | 应交税费 | 8 290 |
| 原材料 | 176 570 | 应付股利 | 12 100 |
| 生产成本 | 30 182 | 长期借款 | 50 000 |
| 产成品 | 16 270 | 累计折旧 | 181 500 |
| 长期投资 | 60 000 | 坏账准备 | 1 000 |
| 固定资产 | 500 000 | 存货跌价准备 | 400 |
| 无形资产 | 15 000 | 实收资本 | 491 500 |
| 利润分配 | 33 760 | 盈余公积 | 25 000 |
|  |  | 本年利润 | 36 000 |
| 合计 | 950 470 | 合计 | 950 470 |

### 资产负债表

编制单位：　　　　　　　　　　　　年　　月　　日　　　　　　　　　　　单位：元

| 资　　　产 | 年初数 | 年末数 | 负债和所有者权益 | 年初数 | 年末数 |
|---|---|---|---|---|---|
| 流动资产： | | | 流动负债： | | |
| 　货币资金 | | | 　短期借款 | | |
| 　交易性金融资产 | | | 　交易性金融负债 | | |
| 　应收票据 | | | 　应付票据 | | |
| 　应收账款 | | | 　应付账款 | | |
| 　预付款项 | | | 　预收账款 | | |
| 　应收利息 | | | 　应付职工薪酬 | | |
| 　应收股利 | | | 　应交税费 | | |
| 　其他应收款 | | | 　应付利息 | | |
| 　存货 | | | 　应付股利 | | |
| 　一年内到期的非流动资产 | | | 　其他应付款 | | |
| 　其他流动资产 | | | 　一年内到期的非流动负债 | | |
| 流动资产合计 | | | 　其他流动负债 | | |
| 非流动资产： | | | 流动负债合计 | | |
| 　可供出售金融资产 | | | 非流动负债： | | |
| 　持有至到期投资 | | | 　长期借款 | | |
| 　长期应收款 | | | 　应付债券 | | |
| 　长期股权投资 | | | 　长期应付款 | | |
| 　投资性房地产 | | | 　专项应付款 | | |
| 　固定资产 | | | 　预计负债 | | |
| 　在建工程 | | | 　递延所得税负债 | | |
| 　工程物资 | | | 　其他非流动负债 | | |
| 　固定资产清理 | | | 非流动负债合计 | | |
| 　生产性生物资产 | | | 负债合计 | | |
| 　油气资产 | | | 所有者权益（或股东权益）： | | |
| 　无形资产 | | | 　实收资本（或股本） | | |
| 　开发支出 | | | 　资本公积 | | |
| 　商誉 | | | 　减库存股 | | |
| 　长期待摊费用 | | | 　盈余公积 | | |
| 　递延所得税资产 | | | 　未分配利润 | | |
| 　其他非流动资产 | | | 所有者权益合计 | | |
| 非流动资产合计 | | | | | |
| 资产合计 | | | 负债和所有者权益合计 | | |

应收账款明细账户余额:甲公司 41 900 元(借)

乙公司 10 000 元(贷)

应付账款明细账户余额:丙公司 54 350 元(贷)

丁公司 17 000 元(借)

长期借款 50 000 元中包含 10 000 元的 1 年内到期的长期借款。

要求:根据上述资料编制资产负债表。

2. B公司属小企业,2014 年度没有纳税调整事项,所得税税率为 25%,会计账户发生额如下(单位:元):

| 账户名称 | 借方 发生额 | 贷方发生额 |
|---|---|---|
| 主营业务收入 | | 1 249 000 |
| 主营业务成本 | 905 160 | |
| 营业税金及附加 | 3 892 | |
| 销售费用 | 48 960 | |
| 管理费用 | 133 108 | |
| 财务费用 | 27 060 | |
| 投资收益 | | 5 000 |
| 营业外收入 | | 9 680 |
| 营业外支出 | 10 500 | |

要求:根据资料编制 B 公司 2014 年度的利润表。

## 利 润 表

编制单位：　　　　　　　　　　年度　　　　　　　　　　　　　单位：

| 项　　　目 | 本期金额 | 上期金额 |
|---|---|---|
| 一、营业收入 | | |
| 　　减：营业成本 | | |
| 　　营业税金及附加 | | |
| 　　销售费用 | | |
| 　　管理费用 | | |
| 　　财务费用 | | |
| 　　资产减值损失 | | |
| 　　加：公允价值变动损益 | | |
| 　　　投资收益 | | |
| 　　其中：对联营企业和合营企业的投资收益 | | |
| 二、营业利润（亏损以"－"号填列） | | |
| 　　加：营业外收入 | | |
| 　　减：营业外支出 | | |
| 三、利润总额（亏损总额以"－"号填列） | | |
| 　　减：所得税费用 | | |
| 四、净利润（净亏损以"－"号填列） | | |
| 五、每股收益： | | |
| 　　（一）基本每股收益 | | |
| 　　（二）稀释每股收益 | | |

# 教学课件索取单

敬爱的老师：

感谢您使用我们出版社的教材。为了方便教学，教材配有相关教学课件。如果您需要，请您填写下面表格中的相关信息，并以电子邮件的形式发到我社，我们在核对您的信息后，即免费向您提供教学课件。

我们的联系方式：

地址：上海市中山西路 2230 号 1 号楼 1503 室　　　　　　邮编：200235

　　　立信会计出版社　　　　　　　　　　　　　　　　电话：(021)64411191

电子邮件：gogo2006gogo@126.com

| 教材名称 | | | | | 作者姓名 | |
|---|---|---|---|---|---|---|
| 教师姓名 | | 性别 | | 身份证号 | | |
| 学　校 | | 院系 | | | 教 研 室 | |
| 学校地址 | | | | | 邮　编 | |
| 职　务 | | 职称 | | | 办公电话 | |
| E-mail | | 手机 | | | 宅　电 | |
| 通信地址 | | | | | 邮　编 | |
| 教材用量 | | 册 | 委托订购单位 | | | |

您对本教材的意见和建议是：